Für Krankenpflege
– Ott –
mit besten Wünschen
u. in großer
Dankbarkeit!

Herzlichst

„Glühwürmchens" (Patient)
Gröger

Vertraute

Elke Kruß

07. 02. 2010

Elke Krüger

Mein Lebenskarussell

»Alle Tage ist kein Sonntag«

Verlag Neue Literatur
Jena · Plauen · Quedlinburg
2004

Bibliografische Information Der Deutschen Bibliothek

Die Deutsche Bibliothek verzeichnet diese Publikation in der Deutschen Nationalbibliografie; detaillierte bibliografische Daten sind im Internet über http://dnb.ddb.de abrufbar.

Gesamtherstellung: Satzart Plauen
Titelfoto: Studio 80/ W. Hanzl, Leipzig, 2004
Printed in Germany

ISBN 3-934141-92-7

Dem Andenken meiner geliebten Eltern und Geschwister,
meiner Verwandten, Partner, Freundinnen, Freunde, Lehrer,
Mitschüler und
für meinen Sohn Sven

*»Die Erinnerung ist das einzige Paradies, aus
dem wir nicht vertrieben werden können.«*

Jean Paul

Vorwort

Von den Kirchtürmen der Leipziger Innenstadt dringt Glockengeläut in meine kleine, im Zentrum gelegene Hochhauswohnung und lässt mich, gerade erwacht, nicht daran zweifeln, dass Sonntag ist.

Meine Blicke wandern – wie jeden Morgen und Abend – zu meiner Bilderwand, die ich zum Andenken mit den schönsten Fotos meiner seligen Familienangehörigen, Verwandten und besten Freunde dekoriert habe.

Heute fällt es mir besonders schwer, sie alle anzuschauen und ihr Lächeln zu erwidern. Es ist nämlich kein gewöhnlicher, sondern Totensonntag – im ganzen Lande.

Mit feuchten Augen kann ich nur mühsam am Fensterthermometer fünf Minusgrade erkennen. Straßen und Dächer sind schneebedeckt, und ein eisiger Novemberwind fegt darüber hinweg. Mir ist klar, dass unter diesen Wetterbedingungen meine geplante Autofahrt ins heimatliche Thüringen, wo ich mit Blumengrüßen die Gräber meiner Liebsten aufsuchen wollte, leider ausfallen muss.

Schweren Herzens gehe ich zu meiner Liege zurück, während meine Gedanken wie aufgescheucht unaufhaltsam in die Vergangenheit fliegen.

Urplötzlich erklingt in mir eine vertraute Melodie – feierlich anrührend wie eine Hymne. Sie war das Lieblingslied meines 1978 verstorbenen Vaters, welches er mit seiner kraftvollen Bassstimme zu allen nur denkbaren Anlässen und Gelegenheiten voller Hingabe zu Gehör brachte: »Alle Tage ist kein Sonntag, alle Tage gibt's kein' Wein, aber du sollst alle Tage recht lieb zu mir sein. Und wenn ich mal tot bin, sollst du denken an mich. Auch am Abend eh' du einschläfst, aber weinen darfst du nicht.«

Ich ziehe flennend meine Bettdecke über den Kopf und tauche nun ganz und gar unter, in meine kleine Welt der Erinnerung.

Klapperstorch-Reminiszenzen

Lang, lang ist's her, als die warme, noch wohltuende Sonne am Himmel lachte und auf meinen Bubikopf schien, während ich vergnügt, barfüßig im Grase sitzend, die kleinen, schnatternden Gänschen meiner Verwandten hütete.

Wir, meine Mutter, mein Vater, zwei Geschwister und ich – eine Schwester war schon dreijährig 1937 verstorben – lebten in einem Fünfhundert-Seelen-Dörfchen im Werratal. Genauer gesagt in der Neustädter Feldstraße, wo ein großer Teil meiner Ostverwandtschaft wohnte, im Hause von Tante Anna und Onkel Fritz.

Ich bin die vierte Tochter meiner Eltern, der Nachkömmling der Familie. Im Kriegsjahr 1944 und im Sternzeichen Widder geboren. Leider kein Wunschkind, sondern nur ein schicksalhaftes Malheur. Sieht mir echt ähnlich: Augen zu und durch die »Gummiwand«! Kämpfernatur – von Anfang an.

War ich froh, dass mich der Storch heil und gesund auf dem Sofa in der »guten Stube« meiner Eltern abgeliefert hatte. Abgesehen von einem kleinen Schönheitsfehler – ein Muttermal am rechten Bein – welchen Adebar auf dem Transportflug mit seinem langen Schnabel angerichtet und mir als Erkennungszeichen zurückgelassen haben soll.

Ach, wie freute ich mich meines Lebens. War eine putzmuntere Krawallschachtel, ein quicklebendiger Quengelgeist und neugierig wie »Else Kling« aus der *Lindenstraße*.

Mir entging absolut nichts. Ich hatte alles im Visier. Schon im Krabbelalter schepperte und klirrte es am laufenden Band, weil ich überall mit Schnüffelnase und meinen langen Fingern zu Gange war. Ich freute mich wie eine

Mutter Erna 1910 - 1978

Vater Ernst 1905 - 1978

diebische Elster darüber, während Mutti entnervt seufzte: »Unser blinder Hess', die ganze Wirtschaft geht noch flöten.« Und meine älteste Schwester Hildegard stöhnte: »Du Zigeuner! Du Satansbraten!«

Ich kleines Unschuldslamm? Kein Wunder, dass ich mich wehrte und die ganze Familie noch mehr schaffte. Meine Geschwister spielte ich, ohne mit der Wimper zu zucken, schachmatt.

Kaum hatten sie meine Bilderbücher und Schuhchen vom Fußboden aufgesammelt und zurück in meine geerbte Klappermühle von Kinderwagen gepackt, pfefferte ich sie schon wieder in alle Himmelsrichtungen, so dass sie blitzschnell in Deckung gehen mussten. Erst recht waren meine bedauernswerten Eltern k.o., die sich immerhin schon fast in der Midlife-Crisis befanden und einfach meinem Temperament nicht mehr gewachsen waren. Sie hatten nach meiner Ankunft, als ich schon richtig flitzen konnte, im Handumdrehen eine Hypertonie am Hals, weil ich täglich ihren Blutdruck gehörig strapazierte und mühelos auf »180« brachte.

Beim Bücken meldeten sich schon knirschend ihre Gelenke. Ehe sie sich wieder aufrichten konnten, war ich ihnen längst entwischt. Ich ließ mich erst fangen, wenn ihnen die Puste fehlte und mitunter die Zunge zum Halse heraushing.

Ich hatte es aber in meiner weiteren Kindheit auch nicht leicht mit meinen älteren Herrschaften. Ihre politischen Ansichten waren fortschrittlich. Die restlichen – aus meiner kindlichen Sicht – manchmal wie altbackenes Brot.

Ich will mich keinesfalls beklagen. Aber ich war oft gänzlich anderer Meinung als meine lieben Eltern. Was ich alles nicht durfte, das geht auf keine Kuhhaut. Richtig sauer reagierte ich, als ich zufällig aufschnappte, dass ich nur ein unerwünschtes Menschenkind sei. Diese unbedachte Äußerung meiner Eltern ging mir tüchtig an

Schwester Hildegard 1931 - 1998

Schwester Gunda 1938 - 1977

9

die Nieren. Sie hat mich belastet und traurig gestimmt. Ich konnte nur schwer verkraften, dass mich der Storch »ungeladen« auf unsere schöne Welt geschleppt hatte. Als »Widderkind« hätte mir ein Empfang mit Pauken und Trompeten wesentlich besser gefallen und auch zugestanden – als erstes Tierkreiszeichen am Platz!

Enttäuscht war ich auch darüber, dass mein Vater nach meiner Geburt wie ein Schlosshund geheult haben soll, weil er wieder vergeblich mit einem Sohn, einem Stammhalter, gerechnet hatte.

War das nicht schon schlimm genug?

*Profi-Schnappschuss von Harald Lange, Autor vieler Tier- und Reise-
bildbände*

Meine Lausbub'geschichtchen

Weil ich Mitleid mit Papa bekam, er sagte immer – seit ich denken kann – »mein Jung'« zu mir, beschloss ich, einer zu werden, obwohl ich noch nicht wusste, wie ich das anstellen sollte.

Abgesehen davon, dass ich als Kleinkind schon ein wilder Wirbelwind war und alle in Galopp gehalten habe, entwickelte ich mich sehr bald zu einem ausgesprochenen Draufgänger. Die Leute meinten, dass ich kein Mädchen, sondern dass an mir ein Lausbub' verloren gegangen sei.

Na, bitte! Was ich mir vorgenommen hatte, schien also zu gelingen.

Bäume und Gartenzäune konnten nicht hoch, Pfützen und Schlammlöcher nicht groß und tief genug sein. Ich kam ständig zerlumpt, mit Dreiangeln, Beulen, aufgeschlagenen Knien, nassen Füßen, blut- und dreckverschmiert – wie aus einer Schlacht entkommen – zu Hause an.

Mammamia! Bekam ich die Leviten gelesen und die Flötentöne beigebracht. Aber dafür brauchte ich nie in den Kindergarten zu gehen, den es zum Glück kurz nach dem Krieg in unserem Dörfchen auch nicht gab. Ehrlich gesagt: Keine zehn Pferde hätten mich dorthin gebracht. Wenn doch, hätte ich mich bestimmt untauglich wie der *Soldat Schwejk* aufgeführt oder wäre ausgerissen.

Unsere reizvoll verrückten Doktorspielchen im Schuppen und Karnickelstall – mit meinem zweiten Spielfreund Karli – wollte ich mir keinesfalls durch die Lappen gehen lassen.

Nee, nee! Meine Ungebundenheit und unsere Eskapaden waren mir viel heiliger. Wir durften uns nur nicht erwischen lassen. Der Anstifter war natürlich meistens ich. Mutti wunderte sich zwar immer, wenn ständig Pipetten von Nasen- und Ohrentropfen im Medizinkasten fehlten, ahnte aber wohl doch nicht, dass wir sie in unseren Verstecken dringend als Spritzen für gynäkologische, urologische oder geburtshilfliche Operationen benötigten. Und sie war wohl ebenso ahnungslos, dass die schwer behinderte Schildkrötenpuppe meiner Schwester Gunda unzählige Zangengeburten hinter sich hatte.

Ich wette, dass Mutti bravere Kinderspiele kannte, die sie auch von meinen Geschwistern gewohnt war. Ich tanzte total aus der Reihe und war mit Abstand der größte »Schweinigel« in unserer Sippe. Die unmöglichsten Sachen hätte nur ich »ausgeheckt« und mit viel Glück so manches Unheil überstanden, behauptete meine Mutter. Und überhaupt und sowieso war sie der festen Überzeugung: Mich hätte der Teufel im Galopp verloren.

Einmal wäre ich fast an einem Knochensplitter im Hals erstickt, als ich mit dem dicken, alten Kater unter Tante Annas Küchenherd Fleischrippchen abknabberte.

Ein anderes Mal habe ich mich mit einem scharfen Schlachtmesser in den Daumen gesäbelt und danach geblutet wie ein abgestochenes Schwein. Oder ich habe mich mit unserem Handwagen bergab überschlagen und vier Schneidezähne eingebüßt, die aber später glücklicherweise wieder nachwuchsen, felsenfest und wertbeständig!

Außerdem: Unser klein gehacktes Brennholz wurde, als wir noch im Oberdorf wohnten, immer per Seilwinde auf den Holzboden befördert. Das war eine enorme Arbeitserleichterung. Kein anstrengendes Treppensteigen mehr. Ich war meistens mit von der Partie, schichtete die Körbe voll und rief: »Achtung, fertig – los!«

Eines Tages, Papa steuerte in Richtung Hinterhof zum Örtchen, lachte mich unser »Förderkorb« so verführerisch an, dass ich heimlich hineinstieg, die Plane drüberzog – wie üblich – und gespannt in meinem Versteck abwartete. Warum sollte es nicht funktionieren? Theoretisch musste ich wie unser Holz da oben ankommen, wo meine älteste Schwester Hildegard wie ein Empfangschef wartete. Die würde vielleicht die Augen verdrehen!

Papa kam zurückgestiefelt, freute sich über den bereits gefüllten Korb und begann offensichtlich, ihn hochzuziehen, denn ich hob langsam ab. Als ich seine stöhnenden Laute vernahm – ich war bestimmt schwerer als trockenes Holz – und ihn murmeln hörte: »Wo mein Jung' nur wieder steckt?«, musste ich so laut kichern, dass ihm wahrscheinlich vor Schreck das Seil aus den Händen geglitten ist. Potztausend! Auf halber Strecke düste ich rückwärts wie eine Rakete in den »Scheiterhaufen«. Zum Glück ohne ernste Verletzungen. Aber blau wie ein Veilchen am ganzen Körper und zetermordio schreiend, so dass Mutti wie von einer Sirene alarmiert wurde. Sie war schneller als ein Krankenwagen zur Stelle und predigte unverdrossen, während sie mich verarztete, ihren trostreichen, mich aber eher schwächenden Merksatz: »Bis du heiratest, ist das Schlimmste vorbei!« Von wegen!

Noch ein letztes Kapriolchen: Einmal bin ich heimlich zum »Prinz« in die Hundehütte gekrochen und stecken geblieben, bis Onkel Fritz meine Hilfeschreie hörte, herbeigeeilt kam und erschrocken rief: »Heiliger Sruhsack, wos häs'n nun schun widder oongestoolt?« (»Heiliger Strohsack, was hast du denn nun schon wieder angestellt?«)

Weiß der Teufel! Jedenfalls musste mein Onkel Fritz mit dem Brecheisen das Hüttendach demolieren, um mich aus den Fängen der Hundekette zu befreien. Kreidebleich und nach Luft schnappend – wie später oft zum Besten gegeben wurde. Alles nur deshalb, weil ich die fixe Idee hatte, mit meinem Kumpel aus dem Hundenapf zu mampfen. Igitt, igitt!

Resümee: »Katastrophen-Elke!« Damals – und leider bis heute – mein berechtigter Spitzname.

Angsthase?

Keine Spur! Ich war eher das Gegenteil und ein kleines Ferkel obendrein. Musste immer alles untersuchen und ausprobieren. Ohne Rücksicht auf Verluste!

Wenn ich zum Beispiel auf dem Hof eine tote, lädierte Maus ergatterte, die dem Kater nicht geschmeckt hatte, kassierte ich sie ein und schleppte sie an ein unbeobachtetes Plätzchen, wo ich sie in aller Ruhe mit Stöckchen befummelte und »pathologisch« ihre Innereien inspizierte, bis meine Neugierde gestillt war.

Ich hatte keine Hemmungen und vor nichts und niemandem Angst. War das ein Wunder?

Der »schwarze Hakenmann«, der oft angekündigt wurde, wenn ich am tiefen Brunnen oder anderen Wassergefahren experimentierfreudig spielte, kam weder mit noch ohne Haken. Der »Struwwelpeterschneider« mit der scharfen Schere traute sich wahrscheinlich auch nicht an mich heran, um meinen Lutschdaumen abzuschneiden. Auf den bissigen »Klapperstorch«, der aus der »alten Werra« die Babys im Schnabel brachte, war auch kein Verlass. Der Drückeberger ließ sich nach meiner Geburt nie wieder bei uns blicken, obwohl ich alle meine gebunkerten Zuckerstückchen geopfert, sie ins Fensterbrett gelegt und ihn bis zur Verzweiflung angefleht hatte: »Storch, Storch, guter, bring mir einen Bruder!«

Die »Nachtraben« haben mich auch nie geholt oder angegriffen. Ebenso wenig die »Spitzbuben«, die mich vermutlich sowieso zurückgebracht hätten. Und »Schreckgespenster«, wie sie meine unter Betttüchern steckende Schwester Gunda spielte, gab es erst recht nicht. Schon gar nicht auf dem Dachboden.

Dort oben kroch ich besonders gerne in den herrlichen Getreidebergen herum, ließ die Körner durch meine gespreizten Finger rieseln und sah dem lustigen Treiben der niedlichen Mäusekinder zu, die immer weghuschten, wenn ich sie fangen wollte.

Es gab aber noch einen anderen wichtigen Grund, weshalb ich stundenlang unterm Dach verschwunden blieb.

Ungeheuren Spaß machte es mir nämlich auch, in den herumstehenden Kisten, Körben, Koffern und Schachteln, die von dichten Spinnweben umzingelt waren, herumzustöbern. War das geheimnisvoll!

Ich kramte mit Argusaugen und kindlicher Begeisterung in muffigen Klamotten und alten Hüten, verstaubtem Plunder und anderem Trödelzeug. Putzte mich heraus wie eine Vogelscheuche und glaubte, der schönste und größte Zauberer der Welt zu sein, wenn ich mit »Simsalabim« oder »Abrakadabra« auf meiner improvisierten Obstkistenbühne Wunderdinge ans Tageslicht hexte.

Auch vor dem Weihnachtsmann, den meistens mein Onkel Fritz, der Bruder meines Vaters, ulkig in seinem langen dunkelblauen Eisenbahnermantel, den ich oft genug an der Flurgarderobe hatte hängen sehen, parodierte, fürchtete ich mich überhaupt nicht.

Den Beschiss hatte ich ziemlich schnell erkannt. Es kam sogar vor, dass ich unseren »Rauschebarteisenbahner« – natürlich erst nach der Plätzchenbescherung – voller List und Tücke und plötzlich unterm Stubentisch hervorspringend wie ein Hund ins Bein biss.

Hi, hi! Der hatte danach die Nase gestrichen voll und so viel Dampf vor mir, dass er mit der Maskerade ein Fest aussetzte, ehe er sich wieder zu uns traute.

Mit Sonne im Herzen und Zwiebeln im Bauch…

Mein Onkel Fritz hatte eine wunderschöne lange Nase, an der man sich fest halten konnte. Noch besser als an der meines Vaters, weil Onkel Fritz es sich von mir gefallen ließ – im Gegensatz zu Papa – und immer für Klamauk zu haben war.

Obwohl ihm sein Zeigefinger an der rechten Hand fehlte, konnte er trotzdem auf dem Dreifuß prima Schuhe reparieren. Er war ja kein Schuster, sondern Reichsbahnangestellter.

Am lustigsten fand ich, dass er irre Faxen machte und mir tolle Witze und Schlechtigkeiten beibrachte.

Wir wohnten oben. Wenn ich Kohldampf hatte, tippelte ich am Treppengeländer hinunter zu Tante Anna und Onkel Fritz und rief schon vor der Küchentür: »Meine Mutti hat nüst (nichts) gekocht«, was natürlich überhaupt nicht stimmte.

Blitzschnell und wie besessen kletterte ich aufs Sofa, hüpfte kichernd darauf wie auf einem

Onkel Fritz und Tante Anna

Trampolin herum und purzelte meinem Onkel Fritz, der gewappnet in der Sofaecke saß, direkt in die Arme. Wenn ich mich beruhigt hatte, zwickte er mich in den Po. Ich wusste genau, dass er jetzt von mir hören wollte, was er mir eingetrichtert hatte. Wie aus der Pistole geschossen legte ich los: »Hab Sonne im Herzen und Zwiebeln im Bauch, da kann man gut furzen und stinken tut's auch.«

Onkel Fritz klatschte zufrieden in die Hände und lobte mich schmunzelnd. Ich explodierte vor Freude und kringelte mich vor Lachen wie ein Posthorn, bis es meistens in meine Hosen tröpfelte. Tante Anna hingegen verzog wütend ihr Gesicht und schimpfte wie ein Rohrspatz plattdeutsch mit meinem liebsten Onkel: »Fritz, loss das Keeind in Roi un erzähl nit immer sun olbernen Mist.« (»Fritz, lass das Kind in Ruhe und erzähl nicht immer so einen albernen Mist.«)

Danach war Ruhe im Karton, aber nicht lange, denn die Vorstellung ging weiter.

»Willste mal Kassel sehen?«, flüsterte mir Onkel Fritz animierend ins Ohr. Egal ob ich wollte oder nicht, Onkel Fritz nahm sowieso meinen zerzausten Strubbelkopf zwischen seine derben Hände und zog mich damit, ziemlich brutal, mehrfach weit hinauf in die Höhe, so dass mir Hören und Sehen vergingen. Aber wie!

Kein Wunder, dass ich die schöne »Weststadt« mit der Wilhelmshöhe, wo mein Onkel Hans wohnte, nie erblicken konnte!!!

Nach der lebensgefährlichen »Kassel-Tortur« war ich fix und fertig. Hatte vom Herumtoben Hunger wie ein Wolf und Durst wie eine Zicke. Ich verputzte alles, was mir »vor die Flinte kam«. Bei Tante Anna schmeckte es sowieso viel besser als bei uns.

Es gab keine dünne Graupen- und Kohlrübensuppe. Keine zerdrückten Pellkartoffeln mit einer säuerlich gewürzten Zwiebeltunke darüber. Auch keine harten Brotrinden, die ich bei Mutti nur verdrückte, weil ich so gerne mit auf die Berge klettern wollte. Das schien Muttchen zu wissen, denn sie predigte immer wieder mit Erfolg: »Wer Rinden isst, kann Berge steigen. Wer keine isst, muss unten bleiben.«

Ich glaube, bei Tante Anna und Onkel Fritz war überhaupt alles besser.

Sie hatten Hühner, Gänse, Ziegen und Schweine auf dem Hof und im Stall. Auch einen weiß-braun gefleckten Mischlingshund namens »Prinz«, der mein treuer Spielkamerad war. Ich liebte alle Tiere und war emsig wie ein Bienchen, wenn sie gefüttert werden mussten. Mir gefiel es so gut im Stall, dass Tante Anna und Onkel Fritz ihre liebe Not mit mir hatten, wenn ich im Futtertrog bei den grunzenden Schweinen schlafen wollte.

Gerne ging ich auch mit Tante Anna in ihre kleine Speisekammer, wenn sie mit der Zentrifuge, die ich kurbeln durfte, Rahm aus Ziegenmilch herstellen wollte.

Wie im Schlaraffenland hingen dort über uns viele runde »Blasen«- und lange Knackwürste, Bratwurstringe und Speckseiten. Hausschlachtene Ware, die ein ganzes Jahr reichen musste, was ich damals aber nicht wusste und auch nicht einschätzen konnte. Mit meinen dürftigen »Zwiebelkenntnissen«?

Im Regal standen große braune Fetttöpfe und andere Vorräte sowie ein Körbchen mit weißen und braunen Eiern – wie vom Osterhasen. Da blieb meine Schnute offen stehen, und ich bekam mächtigen Appetit. Es roch so gut wie nirgendwo!

Hoch auf dem Leiterwagen

Märchenhaft schön war es, wenn ich in der Heuernte mit Tante Anna und Onkel Fritz auf dem Leiterwagen sitzend, welcher mit Kühen oder Pferden von befreundeten Bauern, wie Hunolds oder Onkel Mohr, ausgeliehen wurde, über holprige Feldwege ins »Hohenrodt« fahren durfte.

Auf der Hinfahrt spielte ich einen stolzen Kutscher. Ich versuchte, die Peitsche zu knallen oder zog an den Zügeln und schrie wie Onkel Fritz: »Hü! Hott! Prrr!«

Es wunderte mich, dass die Pferde sofort spurten – schneller als ich, wenn man mir Befehle erteilte – und auch auf mein Kommando nach links und rechts trabten oder anhielten, aber nicht damit aufhören wollten, unentwegt grüne, dampfende Pferdeäpfel unterm Schwanz herauszuballern.

Am besten gefiel mir die Rücktour. Wenn ich in luftiger Höhe, die ich »bansend« – also Heu stampfend – und schwitzend erreicht hatte, hoch auf der voll beladenen Heufuhre genüsslich ausruhen und mich im irren Duft von frischem Heu aalen konnte, war ich selig. Ich fühlte mich wie im siebenten Himmel.

Es klappert die Mühle...

Wir hatten meistens schwere Roggen- und Weizensäcke im Handwagen, wenn ich ihn die Dorfstraße entlang, über die Werrabrücke hinüber zu Voigts Mühle schob.

Onkel Fritz, der mit beiden Händen an der Deichsel zog wie ein alter Droschkengaul, immer schnaufend voran.

Kurz vor unserer Ankunft kutschierten wir ein Stückchen ganz nahe an der Werra vorbei, nämlich genau an der Stelle, wo sich ein tosendes Wehr befand, welches Wasserkraft erzeugte, damit sich die Mühlräder drehen konnten. Dort wurden wir immer von einer schnatternden Gänseschar begrüßt, die sich am und im Wasser frank und frei vergnügte. Einfach toll!

Voigts Mühle war auch eine Wucht. Sehr geheimnisvoll!

In ihr geschahen kleine Wunder. Wir schleppten Körner hinein und prall gefüllte Mehl- und Schrotsäcke hinaus. Und das, noch ehe ich die kleinen Mühlenmännchen, die ich aus meinem Mühlenmärchenbuch kannte, entdecken konnte.

Und wie sahen wir aus?

Von Kopf bis Fuß fast bis zur Unkenntlichkeit

Sallmannshausen, Blick auf Voigts Mühle

weiß »eingepudert«, so dass ich mich auf dem Mühlenhof kaputtlachte, wenn wir uns gegenseitig wie Bettvorleger ausklopften.

Vom »Böckern«

Wenn Ziegen »böckerten« – kleine Lämmchen kriegen wollten oder sollten – mussten sie zum größten Stinkbock Sallmannshausens gescheucht werden. Dann waren für alle Beteiligten aufregende Stunden mit viel Geduld und Spucke angesagt.

Meistens hatten unsere pfiffigen Geißen überhaupt keine Lust, dorthin zu tippeln. Sie trödelten unterwegs ewig lange herum und meckerten am laufenden Band. Es erwartete sie ja auch nichts Gutes!

Dort angekommen, mussten sie sich nämlich anstellen – wie gelernte DDR-Bürger in der »Bananenschlange« – ehe sie nacheinander drankamen. Das war stinklangweilig und konnte ewig dauern. Mit zugehaltener Nase und immer an der Stallwand klebend schielte ich neugierig hinterm Rücken von Onkel Fritz hervor oder steckte meinen Kopf durch seine Beine und beobachtete neugierig das »Trauerspiel«.

Eine grauhaarige, couragierte, hexenähnliche Großmutter redete schrill, unentwegt mit einem langen Knüppel herumfuchtelnd, auf ihren riesigen, störrischen Ziegenbock-opa ein. Der schien schwerhörig zu sein, denn er kapierte nicht die Bohne, sondern glotzte nur unsere eingeschüchterte Geiß von allen Seiten an und schnupperte mit seinem struppigen Spitzbart unanständig an ihrem Hinterteil herum. War ich erschrocken, als er nach langer Zeit dann plötzlich durchdrehte. Hinterlistig, wütend und brutal auf sie sprang und sie fast erdrückte, obwohl sie ihm kein Haar gekrümmt hatte. Das tat mir richtig Leid. Ich konnte nicht verstehen, warum wir dafür auch noch »Pinkepinke« blechen mussten und manchmal trotzdem keine Lämmchen bekamen, auf die ich mich immer so tierisch freute.

Karli

Im Jahre 1948, als ich gerade zarte vier Jahre alt war, zogen Umsiedler in unsere unmittelbare Nachbarschaft. Ich bekam einen neuen, gleichaltrigen Spielkameraden, der auf den Namen »Karli« hörte.

Nun wurde es noch abenteuerlicher als im Schaukelpferdchen meines bisherigen, lieben Freundes, dem braven Berndchen. Ade, schöne »Hottepferdchenzeit«!

Mit Karli ging es härter und schnurstracks zur Sache. Wir Herumtreiber strolchten, mit selbst gebauten Flitzbögen und Pfeilen bewaffnet, durch unsere herrliche »Botanik«. Mutig schossen wir Äpfel und Birnen von den Bäumen oder erledigten unsere erdachten Feinde eiskalt bis zum letzten Schuss. Streiften durch hohe, wogende Getreidefelder, in denen wir wie Räuber hausten und uns versteckten, aber auch wie in einem Labyrinth schrecklich verlaufen konnten. Nach der Getreidemahd krochen wir in die zum Trocknen aufgestellten Strohpuppenhäuschen, in denen wir prima »Mutter-

Sahen unsere Reihenstrohhäuschen nicht einladend aus?

Vater-Kind« spielen konnten. Eigentlich nur »Mutter-Vater«, denn unser »Fantasiekind« wurde immer zum Milchholen verdonnert. Warum wir alleine sein wollten? Das wird nicht verraten! Stimmt's Karli?

Mit Vorliebe geisterten wir auch täglich auf dem alten »Turnplatz« herum oder watschelten barfüßig im »Hühnergrabenbach«. Bauten Dämme, ließen Schiffchen schwimmen und schlichen meist abgekämpft, pitschnass und saudreckig nach gelungenen Schlammschlachten heim.

»Ach, du lieber Gott! Wie siehst du denn wieder aus?«, ertönte Muttis erhobene Stimme aus dem Küchenfenster, als sie uns angetrödelt kommen sah. Da wusste ich, was das Glöckchen geschlagen hatte. Wie ungerecht! Bei Karli bimmelte es nie. Hatte der ein Schwein!

Paradies »Hühnergraben«

Im Frühling, Sommer und Herbst spielte ich am liebsten an der frischen Luft, am »Hühnergraben«. Er war nur einen Katzensprung von meinem Zuhause entfernt. Dort plätscherte ein kleines, munteres Bächlein mit weißen Kieselsteinen auf dem Grund und vielen Schneckenhäuschen am Rand. Dicke Frösche veranstalteten herrliche Quakkonzerte. Graue Feldmäuse flitzten kreuz und quer, hin und her. Bunte Schmetterlinge flatterten durch die Lüfte – gelbe Zitronenfalter sowie farbenprächtig gemusterte Pfauenaugen, und ein erquickliches Vogelgezwitscher krönte die stimmungsvolle Atmosphäre an diesem idyllischen Plätzchen. Auch die vielen Obstbäume links und rechts des Bachlaufes, die zum Klettern und Stibitzen einluden, waren ein Traum, so dass ich richtig glücklich war mit meiner kleinen Freiheit unterm blauen Himmelszelt.

Obwohl: Gelegentlich brachte sie auch Problemchen mit sich. Meine Zitterattacken wegen furchtbaren Bauchkneifens, das vom Verzehr unreifer Kirschen, Äpfel, Birnen oder Pflaumen herrührte, habe ich jedenfalls nicht vergessen. Auch nicht, dass jedes Mal unser Dr. Schreiber wegen Blinddarmverdachtes alarmiert wurde und vergeblich mit seiner Trittbrettlimousine aus Gerstungen angebraust kam. Mein Vater rettete aber immer wieder bravourös diese heikle Situation für mich. Er stand, sozusagen Gewehr bei Fuß, mit einem Fläschchen selbst gemachtem Hagebuttenwein und den neuesten Automobilinformationen fürs Hausdoktorchen hinter der Tür bereit. Das war meine Rettung. Ich brauchte keine Farbe zu bekennen und meine Gewohnheiten nicht zu ändern, sondern konnte, da ich die Obsternte nie abzuwarten vermochte, immer wieder grünes, ungewaschenes Obst nach Herzenslust in mich hineinstopfen.

Rund um den »Hühnergraben« befanden sich viele Felder mit Schafgarbe, Kamille sowie herrlichen Mohn- und Kornblumen am Wegesrand.

Wenn das Getreide abgeerntet war, »stoppelte« ich dort fleißig liegen gebliebene Ähren für unseren grau melierten »Sperber«. So nannten wir unser einziges Huhn, welches man zu meiner Freude angeschafft und das im kleinen Ställchen auf dem Hof unter der Außentreppe sein Domizil hatte. Ich liebte es von ganzem Herzen, bis es eines Tages altersschwach im Kochtopf landete. Da kullerten viele, viele Tränen. Ich konnte trotz meines wie gewohnt großen Hungers nicht einen einzigen Happen davon essen.

Meine kleine Küchenwelt

Im Spätherbst und Winter war es am allerschönsten in unserer kleinen, schrägen Küche, wo sich fast alles abspielte. In die »gute Stube« gingen wir nur sonntags und zu Festtagen, wie die meisten Leute.

Für fünf Personen war es natürlich in unseren paar Quadratmetern fast so eng wie in einer Sardinenbüchse, aber trotzdem urgemütlich.

Im Küchenherd knisterte nach Harz duftendes Kienholz. In der Backröhre brutzelten gelegentlich Bratäpfel. Die Dielen knarrten unaufhörlich. Und im schrägen Abstellkämmerchen unter der Bodentreppe schienen die Mäuse Dauerwettrennen zu veranstalten.

Neben dem Küchenschrank an der Stubentür stand der für mich wichtigste Stuhl unserer Wohnung – mein »Futterthron« –, auf welchem mir grundsätzlich meine Milchflasche verabreicht wurde. Auch als ich schon längst ordentlich aus Tassen trinken konnte. Bis zum vierten Lebensjahr bestand ich nämlich hartnäckig auf meiner Nuckelflasche, weil mir daraus alles Trinkbare am Morgen immer noch am besten schmeckte. Selbst schwarzer Malzkaffee.

An der Eingangstür unserer Küche befand sich ein schwerer, ausziehbarer Küchentisch mit Abwaschschüsseln und vielen Töpfen darunter – Muttis Heiligtum!

Unser Vater dagegen musste sich mit einem kleineren Plätzchen am Küchenschrank begnügen. Dort konnte man ein Brett herausziehen und wie ein Tischchen benutzen. Darauf hantierte Papa sehr geschäftig, wenn er mühevoll und aufwendig billigen Tabak für seine »Mutz« (Pfeife) selbst herstellte. Bei dieser Prozedur durfte ihn niemand stören.

Mutti warnte mich deshalb immer mit Gesten und Grimassen. Wenn es aber doch einmal geschah, ich befummelte so gerne sein kleines Aromaspritzfläschchen, fuhr er aus der Haut und brüllte wie ein Löwe. Meine Güte, war ich da erschrocken!

Auch wegen anderer Kleinigkeiten verlor Papa schnell die Nerven und tobte herum, aufgebläht wie ein cholerischer »Stinkstiefel«, was uns allen sehr missfiel. Da er sich aber auch schnell wieder beruhigte und nie etwas Schlimmes passierte, waren seine Wutausbrüche zwar gerade noch auszuhalten, aber trotzdem belastend.

Dennoch war ich mit meinem »Schreihammelpapa« wesentlich besser dran als andere Kinder meiner Generation. Sie hatten zwar keinen Krach wie ich zu ertragen, aber dafür leider auch keine Väter, da sie im Krieg gefallen oder noch in Gefangenschaft waren. Gemessen an deren Unglück hatte ich doch einen Hauptgewinn gezogen.

Im Grunde war mein Vater ein ausgesprochen gutherziger Mensch. Ein treu sorgender Familienvater, der alles mit uns teilte. Sogar jede ihm geschenkte Kleinigkeit, ein Äpfelchen oder Bonbons, brachte er mit nach Hause, was ich rührend fand. Seine Lohntüte legte er sein Leben lang unserer Mutter auf den Küchenschrank – auf Heller und Pfennig. Papa wollte es nicht anders. Mutti managte doch alles für ihn und war dazu auch noch sehr sparsam.

Damit nicht zu viel geraucht und getrunken wurde, musste ich sehr oft wegen zwei »Dreißigern« (Zigarren – pro Stück 30 Pfennige) oder einzelnen Zigaretten und zwei Fläschchen Bier zu »Leuchtenbergers« in die Dorfschenke zuckeln. Mutti grabschte ihr »Portjuchhe« (Portmonnaie) aus dem Küchenschrank und drückte mir abgezähltes Geld in die Hand mit dem Marschbefehl: »Und komm heute noch wieder!« Das hieß: Keine Bummelei, sondern ruck, zuck! Keinesfalls vom Wege abkommen!

Ich folgte aufs Wort – à la *Rotkäppchen* – und hatte anschließend märchenhafte Konsequenzen auszubaden.

Danach war ich kuriert und ließ mich unterwegs von nichts und niemandem abhalten, wenn ich sonntags wegen zwei »Sechzigern« oder »Achtzigern« wieder in die Spur musste. Ich sprintete sogar in olympiaverdächtiger Rekordzeit meine halbe Kneipenmeile und habe mich so bei Mutti wieder eingekratzt.

Obwohl der Grundgedanke meiner Mutter nicht schlecht war, fand ich ihre »Beschäftigungstherapie« bescheuert. Pardon! Besonders wenn der Wirt eigentlich schon vollauf zu tun hatte und meine paar Dinger mit feuchten Händen aus der Schachtel angeln musste. Da kochte es in mir. Mutti ließ sich aber nicht umstimmen. »Ist viel im Haus, wird auch viel gequarzt, mein Kind!«

Keine Chance für mich! Von wegen Tabakwarendeponien im Küchenschrank oder gar Versteckspielchen! Kam doch überhaupt nicht in die Tüte.

Mutti kannte ihre Pappenheimer und wusste genau, dass es nicht funktionierte, was ich für Papa und mich anstrebte.

Mutti war unser »Häuptling«, »Finanzminister« und »Psychologe« in Personalunion. Unsere Chefköchin sowieso. Ebenfalls Erzieherin und was sonst noch alles. Ein Ass in jeder Hinsicht. Und ich? Nur »James«, der Butler! Doch das sollte sich gewaltig ändern, wenn ich einmal groß wäre!

Auf die Kindererziehung hatte Papa wenig Einfluss. Ich kann mich nicht erinnern, dass er uns Kindern irgendwann mal eine Ohrfeige »geschwalbt« hätte. Mutti teilte »Schwälbchen« aus – selten und gerecht. Nur einmal flog Papas Kamelhaarpantoffel, der mich treffen sollte, quer durch unsere Küche. Der schoss aber nur unseren klebrigen Fliegenfänger von der Decke und landete mit diesem auf unserem Küchentisch in der heißen Nudelsuppe. Platsch! Volltreffer! Nur leider daneben! Und alle blickten erschrocken stumm auf dem eingesauten Tisch herum! Bei diesem »erstklassigen Meisterschuss« ist es dann auch geblieben.

Papa war nur in der Theorie ein wilder K.o.-Schläger. Er glaubte felsenfest an den Kinnhaken als stärkste Selbstverteidigungswaffe. Dabei konnte er keiner Fliege etwas zuleide tun. Jedenfalls keiner lebenden. Mein Vater war nämlich ein Sensibelchen und hatte nah am Wasser gebaut.

Hörte er zum Beispiel Fußballübertragungen – grundsätzlich gebückt vorm Küchenradio stehend – und seine Lieblingsmannschaft schoss Tore, wischte er sich bis zum Schlusspfiff Freudentränen aus dem Gesicht. Da fuhr Mutti fast aus ihrer Kittelschürze und schwadronierte für die Katz: »Ernst, wenn du nicht sofort aufhörst, ich zieh den Stecker raus!«

Nach solchen rosigen Aussichten kroch Papa förmlich in unsere Radiokiste hinein, damit Mutti nicht sehen konnte, dass seine Tränen weiter wie ein Bächlein rannen.

Bemerkenswert fand ich schon als Kind, wenn Papa, mit mir auf der Holzkiste neben dem Küchenherd sitzend, mir in einem besinnlichen Stündchen verriet, in welch heikler Situation er sich nach dem Krieg befand.

Er hätte es zusammen mit unserem Bürgermeister in der Hand gehabt, gewisse Bauern aus unserem Dorfe, die auf der schwarzen Liste standen, von Haus und Hof zu enteignen. Das hatte er jedoch nicht fertig gebracht, sondern stattdessen mit dafür gesorgt, dass alle verschont blieben, keinem ein Haar gekrümmt wurde. So habe ich es jedenfalls verstanden.

Als meine älteste Schwester Hildegard später bei einer dieser Bauernfamilien um ein bisschen Milch für mich gebettelt hatte, soll sie mit folgender Antwort abgewiesen worden und weinend heimgekommen sein: »Meei brüchen unse Milch ferr de kleine Schwien.« (»Wir brauchen unsere Milch für die kleinen Schweine.«)

Arme Schwester! Gedemütigter Papa! Wie müsst ihr verletzt gewesen sein? War das der Dank für eine humane Handlungsweise?

Zum Glück bin ich trotzdem nicht verhungert und auch mit eingebrocktem Zuckerbrot und schwarzem »Muckefuck«, von welchem immer eine Kaffeekanne voll wie ein Denkmal auf unserem Küchenherd stand, groß geworden.

Am allerbesten fand ich in unserer Küche das Fenster, obwohl es durch alle Ritzen zog. Ich kniete sehr oft auf einem Stuhl, die Nase fest an die Scheiben gepresst und blickte in die weite Welt hinaus. So konnte ich die vorüberziehenden Wolken und Vögel am Himmel beobachten und den herrlich grünen Thüringer Wald bewundern. Oder zuhören, insgeheim auf den »Fliegenden Robert« aus dem *Struwwelpeter* wartend, wenn der Wind über die Stoppelfelder blies.

Zur Eisblumenzeit hauchte ich emsig viele kleine und große Gucklöcher in das zugefrorene Fenster und blinzelte erstaunt durch die kalte Glitzerpracht. Nebenbei löffelte ich mutig gezuckerten Mohn von meiner guten Tante Anna, der immer köstlich schmeckte, aber angeblich auch schrecklich dumm machen sollte. So schlimm ist es dann wohl doch nicht mit mir gekommen. Glück gehabt! Die schlechte Nachkriegszeit hat mir mehr geschadet. Ich hatte immer einen Mordshunger.

Wenn es zu dunkeln begann, zündete Mutti auf dem Küchentisch eine weiße Kerze an und nahm mich auf den Schoß. Wir hielten »Dämmerstündchen«, bis die Stromsperre vorbei war.

Ich kuschelte mich an mein Muttchen, steckte meinen Tröster in den Mund und wartete, bis sie mit dem Märchenerzählen begann.

Am häufigsten hörte ich *Hänsel und Gretel*, weil sie das am allerbesten konnte. Darüber war ich auch nicht böse, denn ich liebte die armen Geschwisterkinder von Herzen. Und wenn Mutti am Ende der Geschichte einnickte, war es überhaupt nicht schlimm. Die böse, gottlose Hexe steckte da meistens schon im heißen Ofen und musste jämmerlich verbrennen.

Vom Christkind

Wenn ich besonders artig war, holte Mutti unser illustriertes Lieblingsweihnachtsbuch aus dem Stubenschrank hervor. Damit weckte sie in mir viel Fantasie und Vorfreude auf das »Merzemännchen«, welches am 10. November, zum Martinstag, zu uns kam. Ebenso auf den Nikolaus und den guten alten Weihnachtsmann, der heimlich von Haus zu Haus schlich und zu den Fenstern hineinschaute, um zu sehen, wo die artigen und die bösen Kinder wohnten.

Mutti sang mit mir »Bald nun ist Weihnachtszeit...« oder las mir die schönsten Weihnachtsgedichte von Knecht Ruprecht und dem Christkind vor.

Und denkt euch, Mutti hat nicht geschwindelt, denn ich habe das Christkind wirklich einmal gesehen.

Vor Weihnachten feierten die meisten Bauern in unserem Dorf zünftige Schlachtfeste. Es war Usus, dass sich aus diesem Grunde die Dorfkinder verkleideten und bei klirrender Kälte vor deren Haustüren schnorrend riefen: »Ich hab gehört, ihr habt geschlacht' und habt mir eine Wurst gemacht. Nicht zu groß und nicht zu klein, damit sie passt zum Tiegel rein!«

Genau nach dieser Tradition hatten wir, meine Schwester Gunda und ich, uns auch einmal einen herrlichen Bratwurstring, »Schleifchen« genannt, ergaunert. Wir stapften mit unserer Beute, roten Nasen und steifen Händen durch den hohen Schnee zufrieden heimwärts. Plötzlich hörten wir Glöckchengebimmel, und ein herrlicher Pferdeschlitten kam uns auf der Dorfstraße entgegen.

»Das Christkind, das Christkind!«, rief meine Schwester mir glaubhaft zu. Und schon war der Zauber vorüber.

Weil ich nach diesem wundersamen Ereignis allen Leuten voller Begeisterung berichtete: »Ich hab das Christkind gesehen, ich hab das Christkind gesehen!«, gibt es keinen Zweifel daran, dass es so war.

Morgen, Kinder, wird's was geben

Stand das Weihnachtsfest unmittelbar vor der Tür, machte sich meine Schwester Hildegard auf die Socken und erfocht uns bei bekannten Bauern rote Äpfel und andere Naturalien, wofür sie dort als Gegenleistung tüchtig bei Haus-, Hof- und Feldarbeiten mit zupackte. Am liebsten bei ihrer besten Schulfreundin Wiltrud.

Mutti erzählte mir oft, dass es nicht viel gab in der schweren Nachkriegszeit und wiederholte sich dabei immer wieder: »Das Geld war knapp, und die Lebensmittelkarten reichten hinten und vorne nicht. Wer weder Land noch Vieh besaß wie wir, hatte es am schwersten.« Wie wahr, wie wahr!

Ich besaß als Spielzeug nur eine wabbelige Lumpenpuppe. Außerdem eine weiße Holzente und einen braunen Dackelhund namens »Karo«. Beide auf Rädern zum Ziehen, die mir mein gutherziger Cousin Siegfried handgearbeitet aus der Gefangenschaft mitgebracht hatte. Mit Süßigkeiten war es auch nicht weit her. Ich kannte keine Schokolade. Nur im Tiegel selbst hergestelltes, gebranntes Zuckerzeug. Auch sonst gab es nur äußerst bescheidene

Mein Wackelschwänzchen »Karo«

Weihnachtsgeschenke. Üppige Festtagsbraten oder gar eine knusprige Weihnachtsgans habe ich mit jüngsten Kinderaugen nie auf unserem Tisch gesehen.

Trotzdem blieben mir die Weihnachtsfeste in unvergesslicher Erinnerung.

Wenn sich die verschlossene Stubentür langsam öffnete und mich unser herrlich geschmücktes Tannenbäumchen anlachte, war ich schon hocherfreut. Die vielen strahlenden Lichter ließen mein Herzchen noch höher schlagen. Und den überwältigenden Kerzen- und Tannenduft spüre ich noch heute in meiner »Supernase«.

Als mir Knecht Ruprecht den hochrädrigen, aufgemöbelten blauen Puppenwagen mit Raffgardinchen brachte, den jede meiner Schwestern schon geschoben, und er meiner dicken Stoffpuppe »Anneliese« ein neues Kleidchen genäht hatte sowie meiner Schwester Gunda und mir auch noch bunt umhäkelte Taschentücher, aus abgetragenen Kinderhemdchen zugeschnitten, schenkte, war ich überglücklich.

Ich kam aus dem Staunen nicht mehr heraus, als ich an einem anderen Heiligabend unter dem Weihnachtsbaum einen Schäfer, kleine Schäfchen, einen Hund – dem schon ein Schlappohr fehlte – und niedliche Weidezäunchen in einer bunten Pappschachtel fand.

Und als mir das Christkind von meiner Pate Ilse ein braunes Kinderstühlchen, an welchem ein hausschlachtenes »Schleifchen« (Bratwurst) festgebunden war, zur Tür hereinschob, musste ich vor freudiger Erregung ganz nötig auf den Nachttopf. Es gab leider noch keine Innentoilette mit Wasserspülung, sondern nur ein dunkles Plumpsklo mit abfärbendem Zeitungspapier auf dem Hinterhof. In der hundekalten Winternacht – Weihnachten 1947!

Petri heil!

Besonders aufgedreht war ich, wenn mich Papa mit auf die Werra zum Angeln nahm.

Ich durfte stolz vorne oder hinten in unserem alten, oft undichten Fischerkahn auf einem Fußbänkchen sitzen und mit einer Blechbüchse angesammeltes Wasser daraus entfernen. Aber ich konnte auch zusehen, wenn mein Vater mit einem langen Haken große Reusen, die wie Fässer aussahen und aus einem Maschendrahtgeflecht bestanden, oder Angelschnüre aus dem Wasser zog. Das war nicht leicht, sondern eine ziemlich knifflige Angelegenheit. Immerhin war die Werra an manchen Stellen ganz schön tief. Da musste Papa schon höllisch aufpassen, wenn der Kahn durch das Herumhantieren ins Schwanken kam. Mit einer Nichtschwimmerin an Bord! Wenn ich wenigstens auf meinem Plätzchen sitzen geblieben wäre, hätte er es in dieser heiklen Situation wesentlich einfacher gehabt. Musste ich denn auch immer herumkaspern und ihn ablenken? Wenn es am spannendsten war und ein Fisch an der Angel zappelte, nervte ich Papa grundsätzlich noch mehr.

»Schnell, schnell, schnell, ich muss mal nötig!« Manchmal rutschte dann in dieser Hektik meinem Vater ein munteres Älchen aus der Hand und platschte zurück ins kalte Wasser. Ich fand es echt gut, aber Papa knurrte und brummte, weil er Mutti nicht enttäuschen wollte. Schließlich wartete sie immer darauf, dass wir wenigstens mit einem Aal im Blechfischeimer nach Hause kommen würden, um wieder eine fürstliche Mahlzeit auf den Tisch bringen zu können.

Nach einem guten Fang gab es meistens Bratfisch, der auch mausetot noch in der Pfanne zuckte, mit grünem Blattsalat. Allen schmeckte es vorzüglich. Nur ich mäkelte herum. Ich hasste den lästigen Geruch und die vielen Gräten. Aß nur das »Röckchen« vom Aal, die gebräunte Haut, die meine verstorbene Schwester Hannelore so getauft hatte.

Nach meinem Lieblingsessen befragt, antwortete ich in jener Zeit ausnahmslos: »Kartoffeln, Soße, Würssing (Wirsing) und Fleisch«, welches es gelegentlich, aber nur sonntags gab!

Vorsicht, Wettpinkeln!

Ein Meisterstückchen unserer kindlichen Einfällen lieferten wir, Karli und ich, mit dem verrückten Wettkampf »Bogenpinkeln«.

Der Anstifter dazu war Karli. Wirklich! Ich schwöre!

Auf Onkel Fritzens Holzschuppendach nahmen wir nebeneinander Aufstellung. Dann kam es, wie es kommen musste: Hosen runter!

Neugierig musterten wir derzeit noch von der Seite, was sich zwischen unseren scheußlichen Strumpfbandleibchen und langen Strümpfen offenbarte. Na, ja!

Dann wurde es ernst. Nach dem Startbefehl wollten wir im hohen Bogen auf den darunter gelegenen stinkenden Misthaufen pullern. Wer es am längsten und weitesten schaffte, hatte gewonnen – nach Karlis knallharten Spielregeln.

»Auf die Plätze, fertig, los!«, kommandierte Karli wie der *Hauptmann von Köpenick*.

Ich habe Blut und Wasser geschwitzt. Mich verrenkt wie eine Gummipuppe und gekämpft wie ein wilder Stier in der Arena. Alles für'n »Alten Fritz«. Die Biologie machte mir nämlich einen gewaltigen Strich durch die Rechnung, was ich nicht begreifen konnte. Klitschnass eingepinkelt, wie ein notorischer Bettnässer, war ich bedient und so maßlos enttäuscht, dass Karli weltmeisterlich siegte und ich

Ohne Worte!

haushoch verlor. Das hat mir einen gehörigen Knacks versetzt – fürs ganze Leben!

Ich wollte nun erst recht kein Mädchen mehr sein. Nie, nie mehr! Mit solch einer blöden Lusche, solch einer Niete in der Hose!

Sonntagsspaziergang

Sonntags war überhaupt einiges anders als an anderen Tagen. Papa brauchte nicht zur Arbeit ins Automobilwerk nach Eisenach. Auch Mutti kam einmal zur Besinnung und legte einen Schongang ein.

Wenn sie sich umzog, ihr Haar glatt kämmte, mir meine Spangenschuhe anzog und mein bunt geblümtes Sonntagskleidchen überstreifte, wusste ich genau, dass der obligatorische Sonntagsspaziergang in der Luft lag, auf den ich nie versessen war.

Mutti und Papa nahmen mich an den Händen und liefen mit mir so langsam, dass ich fast einschlief über den beschrankten Bahnübergang zum Dorf hinaus. Ein Stück an der Werra entlang bis zum »Block«, wo mein Onkel Fritz die Weichen für Personen- und Güterzüge stellte, die damals noch aus beiden Richtungen vorbeizischten. Man konnte tatsächlich von Neustädt nach Gerstungen oder umgekehrt mit dem Zug fahren – im Gegensatz zu heute. Welch ein Luxus!

Unterwegs begegneten uns nur Neustädter Leute, die ebenfalls fein geputzt umherstolzierten. Wie langweilig!

Denselben Weg zurück bis zum anderen Ende des Dorfes, wo sich ebenfalls eine Bahnschranke, ein Bahnerbüdchen mit Fahrkartenverkauf sowie ein Bahnsteig befanden, genoss ich etappenweise auf dem Arm meines Vaters. Entweder schmerzten wirklich meine Füße, oder ich hatte einfach keine Lust mehr zu tippeln, was ich aber natürlich nicht verkündete. Dort angekommen warteten wir meistens, bis ein Zug kam. Die Attraktion des Tages!

Wenn der Bahnwärter die Schranken heruntergekurbelt hatte, dauerte es auch nicht mehr lange, bis das schwarze »Ungeheuer mit Schwanz« schnaufend an uns vorbeirollte.

Weidmannsheil!

Wenn es sonntags in den Wald ging, war ich total aus dem Häuschen und immer mopsfidel.

Dafür brauchten wir uns nicht großartig herauszuputzen. Es war auch viel bequemer in meinen »Räuberklamotten« und interessanter als auf der ermüdenden Landstraße.

Am allermeisten machte es Spaß, wenn mein Onkel Erich, der Bruder meiner Mutter, wie ein Revierförster ausstaffiert, Halali blies und zusammen mit meiner Cousine Gerlinde auf die Pirsch kam.

Wenn wir loszogen, schwenkten unsere Väter ihre Spazierstöcke und pfiffen fröhliche Lieder. Hinter den Gärten vorbei führte unser Weg am vergissmeinnichtumwucherten Herthbach entlang, unter der bogenförmigen Autobahnbrücke hindurch schnurstracks in den grünen Wald, der so wundervolle Überraschungen für uns bereithielt.

Meistens wanderten wir über den »Kirschberg« hinauf zum »Denkmal«, weil wir dort eine fantastische Aussicht hatten, oder zur »Doppeltanne«.

Wir beobachteten, dank Onkel Erichs guter Naturkenntnisse und präzisen Anweisungen, Vögel, flinke Eichhörnchen, Hirsche oder Rehe. Manchmal hatten wir sogar das Glück, von weitem zusehen zu können, wie ein Wildschweinrudel angeprescht kam und im Dickicht verschwand.

Im Moose sitzend entdeckten wir kleine Pfifferlinge oder braunköpfige Steinpilze und so manchen emsigen Käfer. Wir naschten saftige Heidelbeeren von den Sträuchern, quiekten erschrocken, wenn eine Kompanie bissiger Ameisen an unseren Beinen herumkrabbelte und waren verblüfft, wenn unser Echo zurückhallte.

Die Bäume rauschten und wiegten sich im Winde, und ein betörender Waldgeruch drang tief in meine »Schnuppernase«.

Großmutter Berta und ihre Kratzbürsten

In meinen Kindheitserinnerungen hat natürlich auch meine Oma Berta ihren festen Platz gefunden. Meinen 1917 tödlich verunglückten Opa Karl konnte ich nicht kennen lernen. Und an die Großeltern väterlicherseits kann ich mich absolut nicht erinnern. Ich sei noch zu klein gewesen, als sie der liebe Gott in sein Reich holte, wurde mir erzählt.

Bei Oma, im Elternhaus meiner Mutter, wohnten auch ihr Bruder Erich, Tante Käthe, deren Tochter Gerlinde sowie Muttis Schwester, Pate Klara.

Ich durfte dort oft mit meiner Cousine Gerlinde, die nur ein reichliches Jahr älter war als ich, spielen: Hüpfkreis, Stelzenlaufen, Rollern, Kreiseln, Murmeln, Verstecken, »Blindekuh« und »Alle meine Entchen, kommt herbei!«.

Oma Berta

Gerlinde hatte viel mehr und schöneres Spielzeug als ich, dafür aber keine Geschwister.

Sensationell fand ich ihr herrliches Puppenhaus mit elektrischem Licht, entzückend eingerichteten Zimmern, mehreren Püppchen, kleinen Tellern, Tassen und Töpfen. Ach, war das hübsch und niedlich anzusehen!

Weil wir uns darum ständig wie die Kampfhähne stritten und viel zu viel mit Wasser umhermatschten, so dass oft die ganze Küche schwamm, hat Oma Berta alle naselang tüchtig mit uns schimpfen müssen.

Oma Dorothea und Opa Adam zur Goldenen Hochzeit

Eines Tages legte sie sich ins Bett und stand nie wieder auf. Als sie 1948 starb, nach mehreren Schlaganfällen, glaubte ich, dass wir sie totgeärgert hätten. Sie wurde im Hausflur aufgebahrt, ganz hinten vor den dekorativen Grünpflanzen. Wir durften uns von ihr verabschieden, weil sie in den Himmel verreisen wollte, wie mich die Erwachsenen trösteten. Ich konnte absolut nicht begreifen, dass sie nie zurückkehrte. Nun hatte ich überhaupt keine Großmutter mehr und war sehr traurig.

Angst um Mutti

Seit meiner schrecklichen Erfahrung mit dem unfassbaren Tod meiner Oma Berta wollte ich nicht mehr alleine ins Bett und nur noch mit Licht einschlafen. Besonders dann, wenn Mutti ins Krankenhaus musste, was nicht selten vorkam, da sie herzkrank war.

Irgendwie verspürte ich ein neues, fremdes Gefühl in mir, was ich vorher nicht gekannt hatte. Ich wich meinen Angehörigen zeitweise nicht von der Seite und hing meiner dreizehn Jahre älteren Schwester Hildegard, die in jener Zeit immer meine Ersatzmutter spielte, am Halse wie ein Klammeräffchen. Sie umgab auch so ein Hauch von Muttigeruch, den ich mochte und der mir wohl tat. Meine Schwester schleppte mich überall mit hin. Wenn wir ihre Freundin Brunhilde besuchten, durfte ich meistens, während sie tuschelten und kicherten, mit dem dicken, lustigen »Clown August« umhertoben und Kunststückchen vollführen.

Überhaupt gaben sich alle große Mühe, die Abwesenheit meiner Mutter zu überbrücken und mich abzulenken.

Ich durfte mit meiner sechs Jahre älteren Schwester Gunda »Bettenschlachten« veranstalten, Bunker mit unseren Kopfkissen bauen, »Krabbelmaschine« und »Wo wohnt der Schneider?« spielen. Oder die arme »Ella« mitleidvoll imitieren, die oft aus dem Nachbarort Gerstungen kam und bei uns um ein »Stückel Brot« bettelte.

Tante Ulla mit mir im »Pfarrgarten« zu Neustädt

Auch Tante Ulla, die sich mehrfach bei uns nützlich machte, wenn meine Familie im Garten »Baumschule« herumwirtschaftete, hat sich liebevoll um mich gekümmert, mich sogar von meinen Stinkhosen befreit, als ich mich einmal entsetzlich eingekackt hatte. Weil ich heimlich, still und leise mit den Fingern viel zu viel selbst gemachten Zuckerrübensirup und Pflaumenmus aus großen Gläsern genascht hatte, die Mutti in einer Nische hinterm Vertiko gut versteckt hielt und wie ein Heiligtum hütete.

Kam dann endlich mein liebes Muttchen wieder heim, war alles gut und das komische »Etwas« in mir verschwunden.

Heimweh

Im traurigen Monat November 1949 geschah etwas Schreckliches.

»Komm her, du schwarzer Zigeuner, ich will dir was verraten!«, rief mir mein Onkel Fritz aus dem Stall zu, als ich mir vor dem Waschhaus noch ein paar warme, gekochte Schweinekartoffeln aus dem Kartoffeldämpfer angeln wollte. Ich sauste mit voll gestopftem Mund zu ihm und bekam zu hören, dass ich bald Blumen streuen könne, weil sein Sohn Siegfried meine Cousine, Pate Ilse, heiraten wolle. Waaas?

Mein Cousin meine Cousine? Ich war platt. Dadurch wurde ich doch glatt um eine weitere Hochzeitsfeier gebracht.

Kaum hatte ich dies vernommen, rannte ich mit der frohen Botschaft wie aufgezogen über den Hof nach oben und schrie schon auf der Treppe: »Mutti! Mutti! Ich darf Blümchen streuen!« – und ahnte nicht, dass das der Anfang vom Ende der herrlichsten Zeit meiner Kindheit war.

Als ich erfuhr, dass mein Kinderbett und alle übrigen Möbel wegen dieser Hochzeit in ein anderes, fremdes Haus »verschleppt« werden sollten, verstand ich die Welt nicht mehr. Ich weinte tagelang bittere Kullertränen in mein Kuschelkissen, welches mich immer beruhigte, wenn ich die darin steckenden Federkiele zwischen Daumen und Zeigefinger zum Knistern brachte. Aber auch das half mir nicht. Niemand hatte Erbarmen mit mir. Ich musste unsere Wohnung, die für die zukünftigen Eheleute benötigt wurde, verlassen. Mein geliebtes Geburtshaus! Wir zogen um – vom Ober- ins Unterdorf – zu Tante Marie aufs »Eisfeld«.

Tante Mariechen war für mich zunächst eine fremde Tante. Eine runde, schwere Bauersfrau mit einem dicken Wasserbein, weshalb sie regelmäßig vom Arzt große Spritzen verpasst bekam. Sie sprach wie meine Tante Anna Neustädter Dialekt, »platt« genannt. War aber bei weitem nicht so freigiebig wie sie. Tante Marie knauserte meistens herum und schenkte mir später immer die kleinsten Ostereier. Manchmal meckerte sie: »Dunnawätter!« (»Donnerwetter!«) oder schimpfte: »Verflucht noch mo!« (»Verflucht nochmal!«), wenn ich mit meinem Gummiball an der Hauswand oder im Hausflur spielte. Sie nörgelte auch oft, wenn ich im Hinterhof und Garten herumturnte oder mich neugierig in der Scheune umsah. Jedenfalls ließ sie mich deutlich spüren, dass ich überall nichts zu suchen hatte.

An der Hoftür wurde man außerdem von einem gemeingefährlichen Gänserich empfangen, der stets zum Angriff bereit war. Man konnte sich nur retten, indem man ihn geschickt am Hals packte und wegschleuderte, was aber kaum den Erwachsenen gelang und auch sehr an die Nerven ging. Wer konnte es sich schon in der schlechten Zeit leisten, großzügig eine »Weihnachtsgans« wegzuschmeißen? Nicht einmal symbolisch!

In unserer Wohnung war auch alles anders und ungewohnt. Nichts war mehr wie früher. Selbst der allwöchentliche Badespaß, den ich daheim nach Herzenslust in Tante Annas Waschhaus in unserer großen Zinkwanne wie ein Kapitän auf stürmischer See genoss, war mir genommen. Jetzt spielte sich die Säuberungsaktion ausschließlich unter Kontrolle in unserer Wohnküche ab, wo ich wie ein Mauerblümchen im Badewasser zwischen Herd und Küchentisch herumglucken musste – zum Einweichen und Schrubben! Von wegen herumtoben und spritzen wie die Feuerwehr! Das war einmal!

Plötzlich hatte ich dann auch keinen Appetit mehr. Wurde schlapp und fühlte mich krank. Nachts wachte ich auf und jammerte entsetzlich: »Ich will heim, ich will heim!«

Wochenlang quälte ich mich herum, bis der Frühling kam.

»Wenn du nicht isst und trinkst, kommst du nicht in die Schule«, sprach streng meine Frau Mama. Nein! Das hätte mir gerade noch gefehlt. Die Zuckertüte wollte ich auf keinen Fall verpassen. Sie war sowieso schon in Gefahr, weil ich das »Sch« noch nicht richtig aussprechen konnte. Anstatt »Schule« brachte ich nur gelispelt »Sule« heraus. Ich musste mich also richtig am Riemen reißen, um alles noch unter einen Hut zu bringen.

Bis zur Verzweiflung probierte ich das »Sch«. Zischte und summte, meistens mit meiner lieben Tante Milda, die nicht locker ließ, bis ich »Suppenkasper« im letzten Moment die Kurve kriegte. Ich konnte wieder essen und obendrein wunderbar sprechen. Das war mein Glück – fürs ganze Leben!

Tante Milda vorm Elternhaus

Nachteule

Eines Tages stellte ich fest, dass ich immer weniger Lust verspürte, ins Bett zu gehen, obwohl Mutti sogar anwesend war. Kam die Schlafenszeit heran, spielte ich verrückt. Immer war Kaspertheater angesagt und ich sang die hellsten Töne. Meine Geschwister ertrugen mich mit Humor, und Papa störte es auch nicht, dass ich herumkrakeelte. Er strahlte wie »Meister Proper«, wenn sein »Filius« bei jedem Ton den Schnabel immer weiter aufriss, was mir nicht schwer fiel. Nur Mutti schien ich auf den Geist zu gehen. Warum drückte ich mich eigentlich so vor dem Zubettgehen? Letztlich kam ich ja doch nicht drum herum.

Ob es vielleicht auch ein bisschen daran lag, dass ich immer an die fremden Besatzungsmänner denken musste, die in unseren Betten gelegen hatten?

Einmal bin ich Mutti mit meiner Fragerei, warum unsere Bettgestelle so viele braune Flecke hätten, dermaßen auf den Wecker gegangen, dass ich in gereiztem Ton zu hören bekam: »Das haben wir den AMIS zu verdanken, die ihre glühenden Zigaretten daran ausgedrückt…« Großer Gott! Wie entsetzlich!

Und der Missetaten gab es noch mehr: Vertrocknete Kaugummireste hätten überall drangeklebt. Unsere Handtücher wären zerrissen und als Fußlappen zweckentfremdet benutzt worden. Ebenso unsere Kochtöpfe. »Gehaust wie die Vandalen!« war Muttis schockierende Schlussbemerkung, die lange in meinem Kopf herumgeisterte. Sobald ich ins Bett musste, kamen in meiner regen Fantasie die AMIS. Fest steht, dass ich deshalb später in der Schule lieber Russisch als Englisch lernte und an Kaugummi nie Gefallen fand.

Irgendwann hatte Mutti meinen »Nachtzirkus« dann satt. »Komm mein Kind, wir gehen zusammen nach Bettenhausen zum Federnball!« Im Nachthemd? Da lachten doch die Hühner. Zapfenstreich war angesagt! Mutti wollte mich mit List in die »Flohkiste« bugsieren, wie das Bett auf dem Dorf salopp bezeichnet wurde, obwohl es Flöhe in der Regel nur im Hühnerstall gab.

Auf Muttis ersonnenes Tanzvergnügen fiel ich jedenfalls nicht herein, sondern kam mit neuen Fisimatenten. Zugegeben: Irgendwie nervte es mich ja auch, dass sich andere Kinder auf ihr Kuschelbettchen freuten, während man mich wie eine lästige Schmeißfliege hineinscheuchen musste.

Nur wenn ein würzig duftender Strauß aus Lärchenzweigen im Schlafzimmer stand, dessen Geruch ich bis heute wahnsinnig liebe, oder im Winter ein warmer, in ein Handtuch eingewickelter Ziegelstein im Bett auf mich wartete, zwitscherte ich ausnahmsweise ohne größere Verzögerungstaktik ab.

Warum ich immer mobiler wurde, wenn die Lichter zu funkeln begannen? Das weiß der Teufel! Ich entwickelte mich zu einer ausgesprochenen Nachteule, was Mutti sehr missfiel. Sie war nur glücklich und zufrieden, wenn alle ihre »Schäfchen« schliefen, ihnen nichts passieren konnte und sich rundherum eine göttliche Ruhe ausbreitete. Mutti zog deshalb ihr letztes Register und lehrte mich Abendgebete: »Müde bin ich, geh zur Ruh, schließe meine Äuglein zu…« Oder: »Ich bin klein, mein Herzchen ist rein, darf niemand drin wohnen als Jesus allein.«

Mir gefiel letzteres am besten. Weil ich Mutti aber noch lieber hatte als Jesus, entschied ich mich spontan für eine Textänderung. Ich säuselte ihr nach dem Gutenachtküsschen leise ins Ohr: »Darf niemand drin wohnen als Muttchen allein!«

Lächelnd und ohne Widerspruch glitten dann ihre Hände liebevoll über mein Haar. Zum Schluss klopfte Mutti wie Frau Holle meine Federdecke noch einmal herrlich locker und flüsterte: »Nun schlaf schön, mein Kind.« Nur so und nicht anders – wie hypnotisiert – konnte ich endlich einschlafen.

Streublumenkind in Igelitschuhen

Im Sommer 1950, bevor ich zur Schule kam, fand die angekündigte Hochzeit statt, die mir alles so gründlich vermasselt hatte.

Als Blumenmädchen schritt ich nun stolz an der Spitze eines langen Hochzeitszuges und hatte die Order, an der Kirchentür mit dem Streuen zu beginnen.

Dort angekommen geriet ich vor Verzweiflung mächtig ins Schwitzen. Ich traute meinen Augen nicht, als ich statt einer zwei Türen sah, durch die wir wandeln mussten. Wo zum Teufel sollte ich denn nun mit dem Streuen beginnen? Heiliger Bimbam! Kurz entschlossen kippte ich sämtliche Blumen gleich vor die äußere Kirchentür. Schluss! Aus! Ende! Strafe muss sein,

Ich als Blumenstreumädchen

wenn die Erwachsenen nicht richtig sagen, was sie meinen! Oder?

Als die feierliche Zeremonie den Höhepunkt erreicht hatte, Braut und Bräutigam sich das Jawort geben sollten und sich eine himmlische Ruhe ausbreitete, schoss ich wieder den Vogel ab. Wer sonst? Haargenau im unpassendsten Augenblick platzte meine Halskette, die mir Mutti zur Feier des Tages umgehangen und an der ich die ganze Zeit nervös herumgefummelt hatte. Sämtliche Glasperlen hopsten munter und fidel Brautpaar und Pastor vor die Füße. Bing! Bing! Bing! Bing!

Die Hochzeitsgesellschaft schmunzelte hinter vorgehaltenen Händen und Taschentüchern. Und dem Herrn Pastor verschlug es sogar mitten im Satz die Sprache. Der Zwischenfall schien ja lustig angekommen zu sein. Halleluja!

Als mich aber, während

Hochzeitsgesellschaft 1950

ich herumkroch und pflichtbewusst die schillernden Kügelchen vom Boden aufsammelte, eine starke Hand von hinten ergriff, war bombensicher, dass ich doch nicht den besten Hochzeitsbeitrag geliefert hatte.

Muttis vorwurfsvoller Blick signalisierte mir, dass ich mich dieses Mal nicht geirrt und anschließend mit einer gepfefferten Moralpredigt zu rechnen hatte.

Für den Abend nahm ich mir deshalb vor, mein Hochzeitsgedicht besonders gut aufzusagen, um meine Ehre zu retten.

Als meine keuchhustengeplagte Vorgängerin mit ihrem Spruch »Ich bin ein kleiner Lockenkopf und schenk der Braut 'nen Pinkeltopf…« endlich fertig war, kam ich an die Reihe. Blitzschnell kletterte ich mit meinen neuen, blauen Igelitsandalen auf den Vortragsstuhl, rutschte aber mit den glatten Sohlen ebenso rasant wieder runter. Nach dieser Bruchlandung hat mich jemand aufgelesen und vorsichtshalber auf den Stuhlsitz gehoben, als wäre ich ein Wickelkind. Mit sechs Jahren! Wartet nur, euch werde ich beweisen, was ich schon kann, schoss es mir blitzartig durch den Kopf und ich legte hastig – nach einem flüchtigen Knicks –, siegessicher und voller Pathos los: »Blumen bring ich, frische Blumen. Aufgeblüht im Sonnenschein. Und ich wünsche, dass das Leben mög' stets blumenreich euch sein!«

Alle klatschten unter Bravorufen und herzlichem Gelächter Beifall. Nur Mutti zerrte von hinten an mir herum und soufflierte: »Die Blumen, die Blumen!«

Verflixt und zugenäht! Ich hatte doch tatsächlich schon wieder Mist gebaut und das Wichtigste, den Riesenblumenstrauß für das glückliche Brautpaar, vergessen.

Zuckertütenzeit

Im Herbst 1950 war es endlich so weit.

Ich wurde in die Grundschule zu Neustädt/Werra eingeschult, und der Ernst des Lebens sollte beginnen, wie ich oft genug gehört hatte.

Meine wunderschöne Zuckertüte, die angeblich im Schulkeller am Zuckertütenbaum gewachsen sein soll, was ich als erfahrener Naturbursche jedoch galant überhörte, überreichte mir Frau Hill – unsere Lehrerin bis zur zweiten Klasse.

Wir waren nur sieben Schulanfänger aus meinem und dem Nachbarort und konnten nicht einmal die acht Plätze von zwei Schulbänken belegen. Weil mein Spielfreund Karli, der Quertreiber, unbedingt schon mit fünf Jahren in die Schule wollte und auch kam. Also ein Jahr früher als ich. Das ärgerte mich, aber wie! Spielverderber! Der hatte es bei mir verschissen bis in alle Ewigkeit.

Nach der kleinen Feierstunde marschierten wir als stolze Schulkinder mit Ranzen, Zuckertüten und Eltern in unsere Kirche, die sich gleich neben dem Schulgebäude befand. Das war damals so üblich. Dort bekamen wir aber nicht etwa noch eine Zuckertüte, sondern nur unseren Segen. Dafür mussten wir bis zur Konfirmation treu und brav in die Christenlehre zuckeln und die Zehn Gebote bimsen, weil wir gute Christenmenschen werden sollten.

Und ich dachte immer: Christkinder und Weihnachtsmänner!

Ich hatte meine Zuckertüte noch nicht bis zur Spitze ausgepackt, noch keine von den leckeren »Katzenzungen« vernascht, die mich besonders verführerisch anblinzelten, als meine Mutter nach Bad Liebenstein zur »Herzkur« musste.

Pate Klärchen

Meine ersten Schulwochen konnte ich wegen der Abwesenheit meiner Mutter nicht zu Hause, sondern musste sie bei Pate Klara im Oberdorf verbringen.

Sie war die Pate meiner Schwester Gunda, aber wir sagten alle »Pate« zu ihr. An ihrem Küchentisch, der sich unter einer Dachschräge an der Wand befand, versuchte ich, meine ersten Buchstaben und Ziffern mit dem Griffel auf meiner »Ersatzschiefertafel«, weil meine Eltern keine echte erwischt hatten, zu verewigen. Sie bestand aus beschichtetem Glas und hielt nur von zwölf Uhr bis es Mittag läutete. Ein entsetzliches Monstrum! Mehr Spaß machte es mir deshalb, mit Buntstiften farbige Zuckertüten auf Papier zu malen.

Unsere Pate Klärchen

Mit einem Auge schielte ich aber noch lieber auf meine Bilderbücher, die mir die Pate geschenkt hatte. »Hasenfelix wurde krank, weil er zu viel Wasser trank« und »Bei Schwuppsens ist Geburtstag heut'«. Bald würde ich sie ja zum Glück lesen können!

Unsere Pate war eine ruhige, bescheidene und treue Seele ohne Mann. Ihr Herzblatt hatte der Krieg auf dem Gewissen. Sie liebte deshalb keinen anderen mehr. Nur die Natur – wie ich. Und deswegen arbeitete sie auch jahrelang in der Forstwirtschaft.

Für mich war sie eine gute Waldfee, die täglich bei Wind und Wetter über den Berg hinaus in den Zauberwald verschwand. Um Weihnachtsbäumchen zu pflanzen, zu hegen und zu pflegen, dem Weihnachtsmann und Osterhasen auf die Sprünge zu helfen, damit sie pünktlich zu den Festen erschienen, und um die armen, hungrigen Waldtiere zu füttern.

Wie habe ich mich immer gefreut, wenn sie gegen Sonnenuntergang mit den anderen »Waldfrauen« am Horizont auftauchte und immer näher kam, bis ich sie endlich vom Hügel abholen durfte. »Pate, Pate, ich komme!«, posaunte ich aus voller Kehle und rannte ihr wie ein Wiesel entgegen.

Ich konnte kaum erwarten, bis sie ihre »Kitze« (Kiepe) vom Rücken absetzte, weil sie darin die kleinen Überraschungen für mich versteckt hielt: Meistens »Hasenbrote«, also ihre nicht verzehrten Schnitten, und braune Ostereier. Mal kleine Tannenzapfen, Bucheckern und Haselnüsse. Oder Himbeeren, Brombeeren und Walderdbeersträußchen. Gelegentlich sogar einen Raritätenfund – ein wunderschönes Hirschgeweih.

War Pate zu Hause, saß sie stundenlang an ihrer »Singer«-Nähmaschine vorm Küchenfenster, die ich später mächtig drangsalierte und so manche Nadel abbrach, bevor ich richtig darauf nähen konnte.

Von diesem Platz aus konnte man herrlich – wie von einem Aussichtsturm – die Dorfstraße überblicken und viel Interessantes erspähen und registrieren.

Unsere Pate war keine »Quatsch- und Tratschguste«, wusste aber fast alles, was im Dorf passierte. Meldete uns täglich – so schnell wie heute die *Bildzeitung* – die aktuellsten Nachrichten.

Bei der Pate war es bestens auszuhalten. Sie meinte es immer gut mit mir. Schmierte mir wunderbare Schulbrote, die so herrlich dufteten wie die der Bauernkinder und viel besser schmeckten als mit Margarine bestrichen. Das war eine Kunst und eine äußerst mühselige Angelegenheit noch dazu, denn sie musste ewig lange mit dem Küchenmesser an einem Speckstück herumschaben, um für meine Schnitten einen fettähnlichen Brotaufstrich zusammenzukratzen.

Weniger begeisterte mich die warme Ziegenmilch, die ich täglich trinken musste, frisch aus dem Euter. Durfte ich jedoch selbst melken, war ich emsig bei der Sache und ekelte mir anschließend stolz mein schwer erkämpftes »Gesundheitströpfchen« runter.

Pate besaß auch ein dickes »Doktorbuch«, welches ich oft von ihrem Kleiderschrank herunterangelte und unter die Bettdecke bugsierte. Darin blätterte ich nur heimlich und bestaunte am liebsten die nackte, aufklappbare Frau, die in ihrem Bauch ein Baby versteckt hielt. Das war eine tolle, aufregende Entdeckung und lange mein kleines Geheimnis, bis mich die Pate eines Tages dabei ertappte. Sie schimpfte aber nicht so heftig mit mir wie meine Mutter, wenn ich etwas verbockt hatte. Ich brauchte sie nur wie ein Unschuldsengel anzuschauen und zu singen: »Oh, Tante Klara, du hast ein Hemd aus Papier…« Schon lächelte sie, und alles war wieder in Butter.

Als Mutti endlich von der Kur zurückkam, war ich glücklich und stolz wie ein Held. Ich konnte schon »MAMA« schreiben.

Impressionen aus der Grundschulzeit

Eins, zwei, drei – im Sauseschritt eilte die Zeit und unser erstes Schuljahr mit!

Das war gut so, denn ich fand es blöd, dass uns die älteren Schüler ständig hänselten: »Erste Klasse – Nuckelflasche!«

Dem zweiten Schuljahr riefen sie nämlich hinterher: »Zweite Klasse – Kaffeetasse!« Und das hörte sich doch schon wesentlich besser an.

Gewissermaßen standen wir Anfänger im Schatten der höheren Klassen. Das lag hauptsächlich daran, dass die gesamte Unterstufe in einem Klassenzimmer unterrichtet wurde.

Während der Lehrer mit den älteren Schülern im Lehrplan fortfuhr, hatten die jüngsten »Stillbeschäftigung« oder umgekehrt. So war das damals in den meisten Dorfschulen üblich. Arme Lehrer!

Unser Klassenzimmer dagegen fand ich in Ordnung. Es befand sich im ersten Stock der Schule. Hatte zwei Schultafeln, Klappbänke mit eingearbeiteten Tintenfässern, ein Klavier und rundherum Fenster. Man konnte auf unseren Dorfplatz, den herrlichen Ziehbrunnen – Neustädts Wahrzeichen –, die alte Linde, das

Neustädt an der Werra
Damals: mit alter Linde, Wartehalle und Herthbach

Pfarrhaus, den vorbeifließenden Herthbach und auf das Bäckerlädchen »Reum« schauen. Dort durften wir uns in der großen Pause für einen Groschen ein großes, knuspriges

Brötchen kaufen, falls wir keine Schnitten zu essen hatten. Schmeckte besser als Trocken-brot, wenn Mütter nichts mehr »zum Draufschmieren« im Hause fanden. Ungern erinnere ich mich in diesem Zusammenhang an den zugezogenen kleinen, putzigen Richard aus Schlesien, der in unsere Klasse kam und bestimmt noch größeren Hunger hatte als einige von uns.

Unsere Jungen hatten sich da vielleicht auf etwas eingelassen: Sie warfen oder spuck-ten Brötchenstücke in den Bach und amüsierten sich köstlich, wenn sich Richard blitz-schnell bückte, seinen Mund ins Wasser tauchte und wie ein Ganter oder Erpel danach schnappte und sie hinunterschluckte. Obwohl es wie eine Zirkusnummer aussah, konnte ich nicht darüber lachen, denn ich bekam eine Gänsehaut. Ich hatte großes Mitleid und steckte dem Richard manchmal heimlich die Hälfte meines Brötchens in seine Jackentasche. Wenn er es entdeckte und mit leuchtenden Augen verschlang, empfand ich ein wohltuend gutes Gefühl. Ich glaube, dass ich so die Freude am Geben entdeckt habe, die in meinem Leben bis heute eine wesentlich größere Rolle spielte als die am Nehmen. Helfersyndrom!

Im Übrigen hat meine bibelfeste Mutter dafür gesorgt, indem sie immer wieder predigte: »Geben ist seliger denn Nehmen, mein Kind.«

Tintenfass und Zungenbrecher

In der zweiten Klasse ging es zügig voran. Die Schiefertafel hatte ausgedient und ein unerbittlicher Kampf mit Federhalter und Tinte begann: Tintenkleckse, Tintenflecke, Tintenfinger! Dagegen waren weder der Moralsatz: »Narrenhände beschmieren Tisch und Wände« noch Löschpapier allmächtig.

Mit uns kämpfte die junge DDR-Republik, die gerade ihren zweiten Geburtstag feierte und es auch nicht leichter hatte als wir.

Unser Lesebuch machte uns aber Hoffnung, dass unter »Präsident« Wilhelm Pieck das Leben bald schöner und reicher würde. Die sowjetischen Befreier wollten uns dabei helfen und freundschaftlich zur Seite stehen. Deshalb mussten wir auch den sowjetischen Staatsmann kennen und seinen Namen wissen. Das war einleuchtend. Weniger aber, dass es nicht genügte, ihn kurz und bündig »Stalin« zu nennen, wie es doch die meisten Leute machten. Unsere Vertretungslehrerin Frau T. meinte, korrekter sei sein vollständiger Name: »Jossif Wissarionowitsch Stalin«.

Ein Glück, dass ich nicht solch einen umständlichen, zungenbrecherischen Namen erwischt hatte, tröstete ich mich und paukte bis zur Verzweiflung den »Wissarionowitsch«. Als ich ihn endlich richtig konnte und triumphieren wollte, machte sich der »Jossif W.« aus dem Staub. Sagte der Welt sein letztes »Doswidanija!« (»Auf Wiedersehen!«) und verschwand zu Lenin ins Mausoleum. Das fand ich ausgesprochen gemein von Stalin.

Das muss sich bis Moskau herumgesprochen haben, denn eines Tages wurde er dort zur Strafe rausgeschmissen und gnadenlos in die Hölle verdammt!

Pflaumentante

Im September 1952 geschah ein freudiges Ereignis. Ich befand mich in der Pause auf dem Schulhof und sang mit meinen Klassenkameradinnen das Hüpfspiel »Ich bin ein armes Mädchen und hab zerrissene Schuh', hab angestrickte Strümpfe, was kann ich denn dazu…«, als zu Hause in meinem späteren »Schäfchenbett« – weil ein Lämmerbild darüber hing – meine Schwester Hildegard mit Hebamme Bartenstein aus Gerstungen ihre erste Tochter Birgitt zur Welt brachte.

Siehste! Habe sowieso nicht geglaubt, dass das Bauchweh meiner Schwester vom vielen Pflaumenkosten am Vorabend gekommen sei. Mir solch einen Bären aufzubinden! Habe deshalb meiner Mutter konternd erwidert, bevor ich mich früh auf den Schulweg machte: »Ich hab sogar noch mehr Pflaumen verdrückt und keine Schmerzen wie Hildegard. Weil ich nämlich kein Kind kriege, ätsch! Ahoi, werdende Omi!«

Unter uns gesagt: Das hatte gesessen. Aber Mutti konnte mich ja keinesfalls für die Wahrheit bestrafen. Im Übrigen kannte sie meine trockene Schlagfertigkeit und brachte es scherzhaft immer so auf den Punkt: »Unser Stückchen Malheur. Mit dir haben wir vielleicht einen Fang gemacht.« Oder: »An dir sind Hopfen und Malz verloren gegangen.« Na, da ließ ich mich doch nicht lumpen und setzte zur allgemeinen Belustigung immer noch einen drauf, wenn ich veralbert oder provoziert wurde.

Jedenfalls war ich stolz, schon mit acht Jahren Tante geworden zu sein. Vermutlich die jüngste im Dorf. Und was für eine? – »Pflaumentante«!

Weniger erfreute mich allerdings, dass ich weiterhin aus Platzmangel in der Bettritze zwischen Mutti und Papa pennen musste. Bis 1953 meine Schwester Hildegard mit Familie nach Berlin verzog.

»Weltreise«-Wommen

Von unserem Schlafzimmer aus konnten wir nach Wommen schauen, dem Geburtsort meines Vaters. Das kleine Dörfchen lag nur drei knappe Kilometer von uns entfernt in Hessen. Wir wohnten also genau an der Grenze zwischen Ost und West. Mein Vater hatte zehn Geschwister. Mehr als die Hälfte lebten »drüben«, wie die meisten Leute zu sagen pflegten.

Wenn Papa aus dem Fenster schaute, rief er manchmal erregt Mutti zu: »Erna, Erna, komm schnell mal her. Ich glaub, Bruder Heinrich ist auf dem Feld.« Ein anderes Mal dachte er, seinen Bruder Wilhelm gesehen zu haben. Das war schon komisch für mich, weil ich sie alle nicht kannte, von der Geschichte noch zu wenig verstand. Aber ich spürte, wenn ich Papas feuchte Augen sah, dass es sehr traurig sein musste.

Geschwister wohnten so nahe nebeneinander und durften sich nicht besuchen. Während wir, meine Schwestern und ich, uns umarmen oder aus Spaß und Übermut sogar unsere Marmeladenbrote ins Gesicht pfeffern konnten – je nachdem worauf wir gerade Lust hatten.

Westbesuche waren nur mit einem »Interzonenpass« möglich. So kam es, dass Papa und ich mit solch einem Wunderding nach Wommen verreisen wollten.

Anfangs freute ich mich riesig darauf. Als Mutti aber mein Mantelärmelfutter auftrennte und Geldscheine einnähte, die für den Umtausch bestimmt waren, bekam ich mächtigen Schiss. Am allerliebsten wäre ich mit meinem Hintern daheim geblieben, den ich aber letztendlich doch gewaltig zusammenkniff und langsam in Bewegung setzte.

Mit grauem Knabenmäntelchen, dicken Strümpfen, klobigen Schnürschuhen, molligem Pelzmüffchen für die Hände und feuerroter Schildmütze, die ich flott wie »Mäxchen Pfiffig« trug, traten der »Jung'« und sein Papa die abenteuerliche Westtour an. Sie kam mir wie eine kleine Weltreise vor. Wir mussten nämlich den umständlichen Weg über den »Kontrollpunkt« Wartha fahren, also mit der Kirche ums Dorf, weil es anders nicht möglich war.

In Herleshausen bekamen wir Begrüßungsgeld. Endlich konnten wir nun das verflixte Schwarzgeld aus meinem Ärmel in »DM« umtauschen. Mein lieber Herr Gesangsverein! War ich erleichtert!

Papa zeigte mir gedankenversunken sein Heimatdörfchen. Auch sein kleines Elternhäuschen am Bach neben der Kirche. Er vertraute mir hemmungslos seine tolldreisten Lausbubenstreiche an. Sogar den dreistesten: Er hatte dem Herrn Pfarrer vom Dach herunter auf die Glatze gepinkelt.

Mein lieber Schwan! Sonnenklar, nach wem ich Musterexemplar geraten war, was Mutti längst durchschaut hatte. Für alle meine fabrizierten Verrücktheiten bekam nämlich nicht nur ich den Marsch geblasen, sondern auch mein Herr Papa, wenn er Mutti in die Parade fuhr und auch noch wetternd seinen Senf dazugab. Mutti hatte in solchen Situationen immer ein entwaffnendes Sprüchlein für ihn parat: »Wie die Alten sungen, zwitschern auch die Jungen. Sei du nur schön still, mein Ernst!«

Papa führte mich auch in seine Stammkneipe »Gonnermann«, in welcher er als junger Schnösel so manches Bierchen gezischt hatte.

Wir wohnten ein paar Tage bei Onkel Wilhelm, Papas ältestem Bruder, im Bahnerhäuschen. Ich schlief mit Papa in einem mächtig hohen und breiten Bauernbett. Es war hundekalt. Als es dann auch noch Heringssalat zu essen gab, den ich als Kind nicht einmal riechen konnte, war ich restlos bedient. Mit humorvollen Einlagen und halsbrecherischen Kunststückchen entkam ich jedoch dem Stinkfisch und ergaunerte mir bei meinem Onkel Wilhelm ein Stück selbst geschlachtete Bratwurst. Nun sah der Westen schon viel freundlicher aus.

Wir besuchten natürlich auch die übrigen Geschwister Papas und bekamen überall Speck geschenkt. Darauf hatte ich nun wirklich nicht spekuliert. In einem Tante-Emma-Laden drückte man mir ein paar Erdnüsse, Süßigkeiten und die erste Banane meines Lebens in die Hand. Jetzt spürte ich endlich, dass wir im Westen waren.

Von unserem Geld kauften wir bunte Taschentücher mit Märchenbildern, auf die ich verrückt war, weil meine Schulfreundin Waltraud auch solche von ihren Verwandten aus Siersburg hatte. Außerdem federleichte, rote Jackenwolle für meine kleine Nichte Birgitt, Schokolade für Mutti und meine Geschwister, würzig duftenden Tabak für Papa und ein Paar rotbraune, lammfellgefütterte Traumstiefelchen mit Reißverschluss für mich. Meine tollste Errungenschaft, für die ich Blut und Wasser geschwitzt hatte.

Moment! Noch war nämlich nicht aller Tage Abend, denn ich musste sie auf der Rückreise so tragen, als wäre ich damit gekommen, hatte Papa mir eingeflößt. Auch das noch!

Es gelang mir nur mit Mühe, denn ich stolperte recht unbeholfen durch die Landschaft, weil Schuhgröße und Angst viel zu groß waren.

Wie glücklich fühlte ich mich, als ich mit warmen Füßen, heil über die Grenze gekommen, daheim bei Mutti wie der *Gestiefelte Kater* vor der Tür stand.

Ein Jäger aus Kurpfalz

Lehrer Zühlke

Mit dem Kinderbuch »Tschuk und Gek«, einer fantastischen Abenteuerreise in das ferne Sibirien, wurde ich von Frau Hill für gute Leistungen ausgezeichnet und in die 3. Klasse versetzt.

Wir erhielten einen neuen Klassenlehrer, Herrn Zühlke, der täglich per Fahrrad mit strammen Hosenklammern aus Gerstungen angestrampelt kam, und mit ihm: »Im Gleichschritt, marsch! Links, zwei, drei, vier …!« – seinen geliebten Exerzierschritt, den wir Mädchen hassten wie die Pest. Außerdem waren bei ihm an der Tagesordnung: harmlose Kopfnüsse, die gelegentlich böse Buben zu spüren bekamen, ellenlange Stillbeschäftigungen während des Unterrichts, gnadenloses Schönschreiben, würziger Zigarrengeruch, sein Schmunzeln, wenn er erfreuliche Aufsätze las, seine häufigen Gallenschmerzen, Maikäfersammelaktionen mit Schuhkartons, Tannenzapfensuchen für unseren Schulkanonenofen, fröhliche vier Jahreszeiten und sein Lieblingslied »Ein Jäger aus Kurpfalz«.

Wir nannten ihn unter uns liebevoll »Opa Zühlke« – immerhin war er schon über fünfzig Jahre – und sein angebetetes altes Cello-Instrument prompt »Oma«. Er trug einen schönen Goldring am rechten kleinen Finger, was ich toll fand und irgendwann ebenso machen würde. Auch eine schicke Weste unterm Anzug, aus der er oft eine entzückende Taschenuhr herauszog. Da machte ich immer Stielaugen wie »Frau Elster«.

Was ich ihm besonders zu verdanken habe, ist meine ordentliche Handschrift – seine gelobte »Sonntagsausgehschrift«, die mich immer an ihn denken lässt.

Wandertag: Lehrer M. Mann mit Hut und Knickerbocker (links), Lehrer A. Zühlke mit Hut und Wanderstock (rechts)

Seiner hinterbliebenen, einzigen und geliebten Tochter Rosemarie, die er oft als Beispiel gebend und mustergültig im Unterricht erwähnte – sie ist ebenfalls Lehrerin geworden – kann ich versichern: In meiner Erinnerung bleibt ihr Vater, Herr Zühlke, unverwechselbar und unvergessen!

Das bitterste Lied meiner Kindheit:

»Maikäfer flieg,
der Vater ist im Krieg;
die Mutter ist in Pommerland,
Pommerland ist abgebrannt.
Maikäfer flieg!«

Frischer Wind

Unseren Lehrer Max Mann, ein ausgezeichneter Pädagoge, den ich sehr schätzte, wehte der Wind aus Weimar zu uns. Er wohnte mit seiner Familie in der Sallmannshäuser Schule, auf einer Anhöhe, ganz oben neben dem Friedhof.

Lehrer Mann war streng, aber gerecht und vielseitig begabt. Bei ihm habe ich in der Mittelstufe am meisten gelernt. Zum morgendlichen Schulbeginn erschien er oft eine Ewigkeit nach dem Klingelzeichen, was uns allen sehr gelegen kam. Wir zerbrachen uns trotzdem vergeblich die Köpfe, warum er eigentlich permanent zu spät kam, obwohl er den kürzesten Weg von uns allen hatte – nur eine Treppe! Doch wenn er endlich mit dem Unterricht begann, ging es rund und ziemlich locker vom Hocker!

Er gestaltete einen interessanten Unterricht und weckte schlummernde Talente. Ihm verdanke ich meine Freude am Schreiben. Er lehrte uns, wie man mit bildhafter Darstellung langweilige Aufsätze vermeiden kann. Sein Paradebeispiel »Blaue Rohre und ein Bauerngespräch« ist mir – wie eingehämmert – bis heute richtungsweisend im Kopf geblieben.

Deutsch-, Musik- und Zeichenunterricht waren bei ihm einsame Spitze. Meine Güte,

Lehrer M. Mann mit Blumendank seiner Schüler

hatte er unseren Schulchor im Griff, in welchem ich jahrelang mit Enthusiasmus sang und der wunderbar von Schülerin Helma mit Klavier oder Akkordeon begleitet wurde. Herr Mann dirigierte fabelhaft mit Händen und Blicken und spielte Violine, beinahe so gut wie die Geigenvirtuosen »Paganini« oder »Rieu«.

Zu Schulabschlussfeiern oder anderen festlichen Höhepunkten gaben unsere Lehrer M. Mann und A. Zühlke, der Cello spielte, konzertante Einlagen. Meisterhaft von beiden vorgetragen, war es ein Genuss, wenn sie die »Kleine Nachtmusik« von Mozart oder das »Menuett« von Boccherini auf der Tanzsaalbühne unserer kleinen »Kuhpläke« erklingen ließen, so dass sogar die Haustiere in den umliegenden Ställen andächtig verstummten.

Mit Lehrer Mann und seiner Frau, die als Kindergärtnerin in Neustädt und später in Sallmannshausen tätig war, kam frischer Wind in unsere Grenzdörfer.

Wir sangen zum Beispiel einmal mit dem Schulchor vor dem Bürgermeister ein Lied mit selbst gedichteten Versen, die Kritik und Verbesserungsvorschläge zum Inhalt hatten: »Was braucht man auf dem Bauerndorf, was braucht man auf dem Dorf, juchhe?«, träl-

Lehrer M. Mann in dirigierender Positur mit unserem Schulchor

lerten wir ermunternd und antworteten treffsicher: »Ein Häuschen für den Bus, dass man nicht erfrieren muss. Zwei Fenster und 'ne Türe drin, da geht kein kaltes Lüftchen 'rin.«

Kurze Zeit danach wurden zur Freude aller Einwohner tatsächlich in Neustädt neben unserer Linde ein nagelneues Wartehäuschen gebaut und auch noch andere Missstände behoben.

Daran dachte ich oft, als wir es während der Oberschulzeit vier Jahre ausgiebig nutzten und bei Schnee und Regen trocken blieben. Es war einfach Klasse, was Lehrer Mann mit seinem Können, seinen genialen Einfällen und viel psychologischem Weitblick auf die Beine gestellt hat.

Schade, dass ich ihm nicht mehr sagen kann, dass er einer meiner größten Lehrmeister war.

Ein aufrichtiges Dankeschön seinen hinterbliebenen Angehörigen!

Regenwürmer, Mais und Feuersalamander

In bester Erinnerung ist mir auch noch unsere Chemie- und Biologielehrerin Fräulein Hetz, die von einigen Schülern wegen ihres Vornamens Rothraut liebend gerne mit »Rotkraut« verwechselt wurde.

Elternlos kam sie mit ihren Geschwistern Gudrun, die am Ende der Oberschulzeit meine Sportlehrerin an der Penne wurde, Sieglinde und Hermann als »Umsiedler« nach Neustädt. Als Älteste war sie gewissermaßen die Ersatzmutter für alle, was ich einmalig und sehr bewundernswert fand.

Denke ich an Fräulein Hetz, fallen mir noch nach 45 Jahren auf Anhieb die fetten Regenwürmer ein, die wir suchen und im Biounterricht sezieren mussten. Für die meisten Schüler war diese pathologische Prozedur sehr gewöhnungsbedürftig.

Lehrerin Frau R. Hetz

Ebenfalls kommen mir sofort die verflixten Maiskolben in den Sinn. Dieses »sowjetische Zuchtgemüse«, welches in jener Zeit bei uns Furore machte und das wir unter ihrer Regie kochten und mit zerlassener Butter vertilgten – bis zum Erbrechen. Seitdem kann ich das gelbe Zeug weder sehen noch riechen, geschweige essen!

Selbst schuld, na klar! Aber eingebrockt hatte uns die Story mit der »Wurst am Stengel« letztlich der kleine Widdervertreter »Nikita« aus dem großen Bruderland. Kein Wunder, hatte er es doch sogar fertig gebracht, in der Uno-Vollversammlung in New York wütend mit seinem ausgezogenen Schuh auf den Konferenztisch zu klopfen!

Die große »Sonnenblume« auf der linken Seite bin ich.

Ich denke auch noch an die weniger plumpen, schwarz-gelben Feuersalamander im Terrarium unseres Schulgartens, die wir Fräulein Hetz zu verdanken hatten. Das war etwas Besonderes – Anschauungsmaterial pur! Imposante Kriechtierchen, die uns viel Spaß bereiteten. Schade war nur, dass wir immer über den Friedhof pilgern mussten, um zu ihnen zu gelangen.

Wenn ich mich nun noch an unseren ersten, tollen Schulfasching erinnere, den Fräulein Hetz mühe- und liebevoll auf die Beine gestellt hatte, an mein gelbblättriges Sonnenblumenkostüm, an meine ersten knallroten Lippen und reizenden Brennscherenlocken, könnte ich glatt ins Schwärmen kommen.

Es waren zwei Königskinder…

Mit zehn Jahren durfte ich zum ersten Mal in den großen Ferien nach Berlin, um meine Schwester Hildegard und ihre Familie zu besuchen.

Mutti, die sonst nie urlaubshalber verreiste, wollte auch mitfahren und garantiert genau inspizieren, wo und wie ihre älteste Tochter, die inzwischen ihr zweites Kind namens Petra, unseren »Pitt«, zur Welt gebracht hatte, in der Fremde lebte.

Beinahe wäre jedoch unser Vorhaben ins Wasser gefallen. Was wollten denn kurz vor unserer Abreise plötzlich die wildfremden »Sakko-Fritzen« von uns?

Wir wurden befragt. Meine Schwester Gunda sogar mehrfach richtiggehend verhört, weil ihr Freund verschwunden war.

Eine aufregende Geschichte! Immerhin stand er als Grenzpolizeiunteroffizier und Hundeführer mit Schäferhund »Kommissar Lux« im Grenzdienst.

Als wir per bunter Ansichtskarte aus Köln erfuhren, wo er steckte und dass er noch lebte, aber über die Grenze in den Westen geflüchtet war, schnappten alle erleichtert nach Luft. Nur meine Schwester erholte sich kaum von dem Schrecken und sah todunglücklich aus. Ihr »Ali« musste wohl gehofft haben, dass seine Freundin ihm folgen würde, was jedoch nicht geschah. Sie war doch noch minderjährig und blutjung mit ihren 15 Jahren. Es wird wohl Liebe gewesen sein, dass ihr Freund eines Tages freiwillig und superschnell zurückkam, sich der Polizei stellte und zu vier Jahren Gefängnisstrafe verurteilen ließ.

Obwohl ich noch in den Kinderschuhen steckte, war ich sehr gerührt, als meine Schwester in der Folgezeit viele Briefe sowie liebevolle Päckchen nach Gräfentonna in den Strafvollzug schickte und mir mit ihrem Liebeskummer allabendlich in den Ohren lag. Ich habe richtig mitgelitten.

Ihren »Ali« konnte ich nämlich gut leiden, weil er so ruhig und gelassen war und mich bedenkenlos mit seinem neuen blauen »Diamant«-Fahrrad herumkutschen ließ. Das war ein sensationelles Zugeständnis, denn es war allgemein bekannt, dass ich Hansdampf meines Vaters Herrenrad so gut wie schrottreif geschunden hatte. Trotzdem liebte ich meinen »Schluchtensauser« immer noch von ganzem Herzen. Schließlich hatte ich auf ihm das Radfahren gelernt und war schon sechsjährig mit Karacho vor einen Gartenzaun gebrettert, weil ich wegen der teuflischen Stange noch nicht absteigen konnte.

Das alles jagte mir raketenschnell durch mein »aufgeräumtes Oberstübchen«, als es Jahre später an unserer Tür klopfte.

Wir saßen noch am Abendbrottisch, als zögernd, aber hoffnungsvoll ein vom Leben gezeichneter Mann eintrat, den wir alle gut kannten.

Ach, du lieber Gott! Um Himmels willen! Was nun?

Es folgten Minuten, die ich nie vergessen werde. Wegen guter Führung, glaube ich, war A. amnestiert worden und hatte das Glück, nicht die gesamte Strafe abbüßen zu müssen. Kam dennoch leider viel zu spät. Im »Stubenwagen« strampelte bereits die kleine Beate. Das Töchterchen meiner Schwester Gunda, die mit gerade 18 Jahren geheiratet und entbunden hatte.

Wäre ich älter gewesen, hätte ich bestimmt aus Barmherzigkeit gesagt: »Nimm mich dafür!«

Später heiratete A. eine nette Schulkameradin meiner Schwester aus unserem Dorf, wurde sicher glücklich und blieb in unserer Nähe wohnen. Bis zur schrecklichen Aktion »Ausweisung aus dem Grenzgebiet«, unter die er leider wegen seiner Vergangenheit fiel.

Das Schicksal hat seine eigenen Gesetze wie die Wildnis und kann grausam sein.

Vielleicht sollte alles so kommen. Meine Schwester Gunda wurde nur 39 Jahre alt.

Berliner Luft

Mit dem Nachtzug traten wir doch noch unsere geplante weite Ferienreise nach Berlin an.

Unterwegs wurden wir Augenzeugen des großen Hochwassers, welches in jenem Jahr für Schlagzeilen sorgte. Übernächtigt rollten wir am Morgen in den Bahnhof »Berlin-Schöneweide« ein und atmeten zum ersten Mal die viel besungene Berliner Luft tief ein.

Bis zur Hagedornstraße, unserem Endziel, wo wir es vier Wochen ausgehalten haben, war es zu Fuß nicht mehr weit.

Für uns »Hinterwäldler« war es nämlich eine riesengroße Umstellung. Angefangen bei den Räumen und Türklinken, die wesentlich höher waren als bei uns zu Hause.

Mutti, die gleich den Chefkochposten an sich riss, konnte sich mit dem ungewohnten Stadtgas absolut nicht anfreunden. Ihr fehlten Küchenherd und Garten und der gewohnte Trott sowieso. Ich dagegen vermisste unseren würzigen Landgeruch, Hundebellen und Kikeriki am Morgen und die ratternde Dreschmaschine von Onkel Umstadt. Auch die Leiterwagenlenkstangen, an welche ich immer unsere weiße Milchkanne hängte, wenn ich bei Tante Minna unser Magermilchdeputat abgeholt hatte, und an denen ich wie besessen meine geliebten Überschläge turnte.

Stattdessen weckten mich in Berlin Donnern und Krachen der Müllabfuhr, lärmender S-Bahn-Verkehr und der grölende Eismannschreihals. Dennoch bin ich, bis ich aus der Grundschule kam, von nun an regelmäßig alleine in den Sommerferien in die Hauptstadt abgedampft und brauchte deswegen nicht an den Schulferienspielen teilzunehmen, obwohl sie nicht schlecht waren. Anfangs bekam sogar jeder Teilnehmer kostenlos zwei knusprige Wurstbrötchen zugeteilt, die in der armseligen Zeit wie köstliche Leckerbissen schmeckten.

Nur einmal hatte ich einen Reisebegleiter an meiner Seite. Sogar einen richtigen Schutzpatron – wie sich herausstellte –, nämlich unseren Herrn Dorfpfarrer, der zufällig dasselbe Reiseziel hatte und auf mich aufpassen sollte wie ein Luchs. Genialer Einfall von Frau Mama, der sich zugegebenermaßen als überaus nützlich erwies, denn gerade auf dieser Fahrt geriet ich in fatale Schwierigkeiten.

Mutti hatte mich für die Großstadt wie einen Paradiesvogel herausgeputzt. Mir den »letzten Schrei«, einen giftgrünen »Tropenhut« verpasst, mit welchem ich zähneknirschend stundenlang in der Fensterecke des Zuges schmoren musste, bis der Schaffner kam. Ich hatte nämlich strikte Anweisung, die neue Errungenschaft möglichst nicht vom Kopf zu nehmen, damit das gute Stück nicht verloren ginge. Bei meinen Hummeln im Po wäre es schon gut möglich gewesen, dass ich den albernen Deckel in der Hitze des Gefechtes verschlampt hätte. Das passierte dank Muttis Vorsorge nicht, aber stattdessen hatte ich eine andere Bescherung.

Der dienstbeflissene Schaffner siezte mich mit skeptischem Blick und wollte von dem jungen, aufgetakelten Dämchen unterm Hut gnadenlos Strafgeld kassieren, weil sie nur eine Kinderfahrkarte vorzeigte. Donnerlittchen! Ich muss ja hinreißend ausgesehen haben! Mir fiel ein Stein vom Herzen, als sich neben mir Herr Dr. Pfarrer Schulze erbarmte und dem scharfen Kontrolleur bei Gott schwor, dass ich wirklich erst 12 Jahre und noch sein Christenlehrekind sei. Da hat er aber Augen gemacht. Die peinliche Situation war – Gott sei Lob und Dank – gerettet, und himmlische Freude zog durch mein erhitztes Gemüt.

In Berlin gefiel es mir von Jahr zu Jahr besser, obwohl ich eigentlich die meiste Zeit nur Kindermädchen spielte. Stundenlang hockte ich mit meinen Nichten Birgitt und Petra, die ich wie meine Schwestern liebte, auf dem Hof in der Buddelkiste und rührte »Eierkuchen« vom Feinsten.

Manchmal schob ich aber auch beide Gören, in demselben Sportwagen hintereinander sitzend, schnaufend zur Spreebrücke, um dort die hungrigen Möwen mit »Schrippen« zu füttern, was immer ein Riesengaudi war. Richtig heimisch fühlte ich mich aber erst, als »icke« »dufte« quasseln und mich wie eine »kleene« Berliner Großschnauze behaupten

Waschechte Berliner Gören:
Meine kessen Nichten Birgitt und Petra in Natura pur!

konnte. Daran hatte meine Berliner Freundin Claudia, mit der ich in der verbleibenden Freizeit umherjagte, aus Decken Zelte baute und schädliche Kohlweißlinge in Marmeladengläsern einfing, wohl die meisten Aktien.

Ihr habe ich es auch zu verdanken, dass ich prima das Rollschuhlaufen erlernte und die ruhigen Straßen im schönen Johannisthal unsicher machen konnte.

Daumenentziehungskur

Wenn ich mir es recht überlege, musste ich immer schön treu, brav und stramm nach Mutter Ernas Pfeifchen tanzen: einkaufen, abwaschen, wischen, bohnern, gärtnern. Schwere Holz- und Kohlenkörbe aus dem Schuppen sowie täglich mindestens vier Eimer Wasser vom Hofbrunnen hoch- und das Schmutzwasser in unserem »Patscheimer«, der wie eine Institution auf der Bodentreppe stand, wieder runterschleppen.

Kroch ich auf dem Fußboden herum, um zu scheuern, bekam ich von Mutti strenge Anweisungen: »Die Ecken nicht vergessen und gründlich! Darauf kommt es an, mein Kind!«

Herr des Himmels! Natürlich hatte Mutti recht, aber tief durchatmen musste ich trotzdem, um mir nicht die Zunge zu verbrennen. Mit blöden Bemerkungen konnte ich bei meiner Mutter nicht landen.

Deshalb war mir von meinen vielen Pflichtübungen das Einkaufen mit Abstand am angenehmsten.

Anfangs, bevor wir im Neustädter Konsum einkauften, musste ich zum Kaufmannsladen, in welchem noch der alte Krapf herumschlurfte, einen Kilometer nach Sallmannshausen gehen. Ich schlenderte jedoch immer recht vergnügt und gemütlich dorthin. Pfiff oder trillerte frisch und fröhlich vor mich hin. Am liebsten den flotten Gassenhauer, den mir meine Schwester Gunda beigebracht hatte, weil er wie die Faust aufs Auge passte: »Tschia, tschia, tschia, tscho, Käse gibt es im HO, Hering gibt es an der Grenze, und der Krapf verkauft die langen Schwänze.« Das war doch ein fetziger Ohrwurm, der mir prima gefiel. Ebenso wie das konsumgenossenschaftliche Krämerlädchen vom Krapf mit den großen, verführerischen Bonbongläsern, bei deren Anblick ich immer schwach wurde und mir ein Röllchen Drops oder für'n Groschen Brausepulver gönnte. Seine herumhängenden Reklameschilder regten ebenfalls zum Kaufen an: »Zu Eiern, Käse, Fleisch und Fisch gehört auch Bornsenf auf den Tisch.« Richtig!

Ein Becher »Scharfmacher« musste immer mit in meinen Einkaufsbeutel. Auch wenn er nicht auf meinem Zettel stand.

Warum? Ja, das ahnt man kaum. Darauf konnte auch nur Mutter Erna kommen: »Schäm dich, so ein großes Schulmädchen und noch Daumenlutscherin! Wir machen jetzt kurzen Prozess. Da du nicht von selbst damit aufhörst, kurieren wir dich mit Senf!«

So geschah es, dass ich täglich, sobald mich Mutti lutschend hinterm Sofakissen erwischte, mein geliebtes Däumchen ins Senfnäpfchen stecken musste, damit es mir endlich vergehen möge. Dachte zumindest Frau Mama!

Ich ließ sie in dem Glauben und mäkelte überzeugend zur Irreführung: »Iiiiiih!« Kaum hatte sie den Rücken gedreht, steckte ich schwuppdiwupp meinen Senfdaumen in den Mund. Das war ein entzückendes Spielchen. Natürlich ohne Heilung. Deshalb schleppte ich freiwillig Muttis scharfe Therapiekeule mit heim und lachte mir heimlich ins Fäustchen.

Natürlich nur, bis Mutti den Braten roch und mir zur Strafe einen dicken »Schreckverband« bis zum Ellenbogen anlegte. Mein lieber Scholli! Damit hatte ich ja nun keinesfalls gerechnet.

Aber so wurde ich zum Glück endgültig – mit neun Jahren – von meiner außergewöhnlichen Lutschsucht erlöst und endlich nicht mehr gehänselt.

Das kann doch einen Widder nicht erschüttern

Zu meinen täglichen Aufgaben kamen am Wochenende noch hinzu: Treppen- und Hofkloordnung, Hofkehren sowie Schuheputzen für alle Mann – und zwar picobello! Keine Hürde für mich!

Außerdem gab es noch eine Menge sporadischer Pflichten.

Hatte Kohlenhändler Gundlach unsere Briketts angeliefert und auf den Hof geschüttet, transportierte ich den großen Sechzigzentnerhaufen in unseren Schuppen und schichtete ihn, ohne Wenn und Aber – und hinterher schlimmer aussehend als unser Schornsteinfeger.

Ebenfalls musste ich unsere zwölf Zentner Einkellerungskartoffeln mit in den Keller bugsieren. Oder die dicken Klötze vom Hof wegräumen, wenn Onkel Unstadt unsere Holzstämme mit seiner lärmenden »Holzschneidemaschine« Marke Eigenbau in Stücke geschnitten hatte. Da war ich immer heilfroh, wenn er zwischendurch seine »Aromatique«-Päuschen einlegte und ich erst einmal verschnaufen und mit meinen taub geglaubten Ohren wieder hören konnte.

Auch unsere runden, schweren Kuchenbleche durfte ich, meistens am Wochenende, zum Bäcker jonglieren. Trotz größter Anstrengung verlor ich immer kleckerweise allerhand von dem kostbaren Belag und fluchte bis zur Backstube unaufhörlich: »Verdammter Mist! Verflixte Scheiße!«, wenn mir der »Puddingschmand« am Bein herunterlief. Dort wurde der Schaden so einigermaßen behoben, so dass man nach dem Backen nichts mehr davon sah. Bei der Abholung rief ich dann anerkennend unserem Bäckermeister zu: »Oh, la, la!« Wir hielten zusammen. Er hat mich nie verpetzt. Ich frage mich besorgt: Wer hätte denn diese Kuchenblechbalanceakte besser als ich ausführen sollen? Papa und meine Schwester Gunda waren berufstätig – damals wurde noch samstags gearbeitet. Mutti kam erst recht nicht in Frage. Mit ihrer angeschlagenen Gesundheit? Nur keine Katastrophe heraufbeschwören!

Also blieb nur ich übrig, der einsichtige »Springer vom Dienst«, dessen Kräfte oftmals überschätzt wurden. Selbst eingebrockt! Hätte ja auf Mutti hören können und Körbe sowie Wassereimer nicht randvoll tragen müssen. Nein! Ich hatte keine Lust, zigmal die Treppe zu laufen. Womöglich noch im »Transusenschritt«? Gott bewahre! Ich eiferte lieber dem schnellen Emil Zatopek, der »Lokomotive aus Prag«, nach. Außerdem spielte ich gerne den starken Max. Nur keine Schwächen zeigen. Ein richtiger Junge, der ich immer noch unbedingt sein wollte, durfte keine Zimperliese, kein Weichei, keine Flasche, sondern musste hart wie Stahl sein.

Deshalb war es sicher auch mein Los, dem Erzfeind Kartoffelkäfer in Neustädts Feldern auf die Pelle zu rücken. Meistens wurde nämlich ich in die Kartoffelfurchen zur »vernichtenden Niederlage« abkommandiert. Jeder Haushalt musste einen Sammler stellen. Wie ich diese Pflichtübung hasste! Mir lag das eklige Käfersammeln wie zehn Pfund Schmierseife im Magen.

Nur kurzzeitig, als die Plage mit den kleinen Viechern ausuferte und solch ein Krabbeltierchen einen Pfennig wert war, schienen die gestreiften Schlawiner an den Kartoffelsträuchern viel hübscher auszusehen und ihrem Auffanglager »Schraubglas« putzige Sparschweinöhrchen zu wachsen.

So kam es, dass mir die lästigen Plagegeister vorübergehend erträglicher schienen, ja dass sich sogar Sammeleifer und Durchhaltevermögen unter glühender Sommerhitze entwickelten. Ich staunte Bauklötzer.

Verblüffend, was Strategie von oben so bewirken kann!

Erziehungsmethoden

Was meine Mutter sagte, wurde gemacht – und möglichst ohne aufzumucken. Basta!

Mit Jammern, Maulen oder Schummeln konnte ich bei ihr sowieso keinen Blumentopf gewinnen.

Ich konnte noch so betteln, wenn es mir mies ging und ich nicht zur Schule gehen wollte, was wirklich äußerst selten vorkam, aber Mutti ließ sich nicht erweichen. So schnell schrieb sie keine Entschuldigung.

»Du hast kein Fieber, also reiß dich zusammen!« waren ihre unerbittlichen Worte. Zusammenreißen? Das hat doch meine Schnupfennase nicht kapiert, die unaufhörlich wie ein defekter Wasserhahn auf meine Hefte tröpfelte und alles »wunderbar« verschmierte. Entsetzlich! Und wie mir erst der Schädel brummte? Schwamm drüber!

Kam ich morgens nach dem Wecken nicht aus den Federn und drehte mich knurrend aufs andere Ohr, zog mich Mutti an den »Hammelbeinen«. Riss hemmungslos meine Bettdecke weg und bemerkte: »Abends nicht rein und früh nicht raus, das könnte dir so passen. Dalli, dalli! Die Pflicht ruft!«

Oder Mutti überführte mich hieb- und stichfest, wenn ich in ihrer Abwesenheit zum Beispiel Spiegeleier mit Speck im Tiegel gebraten hatte. Sie roch das Corpus delicti doch tatsächlich schon auf dem Dorfplatz. Kam zur Tür rein und richtig: »Zu den Mahlzeiten satt essen, nicht zwischendurch, mein Kind!« Es klingt mir noch in den Ohren – wie gestern gesagt!

Mutti entdeckte einfach alles. Wie *Sherlock Holmes*. Sogar wenn ich mir sicher war, unsichtbar am Sonntagsbraten genascht zu haben – indem ich die gerupfte Seite nach unten drehte!

Ich kann mir nicht helfen. Mutti muss eine Sonderanfertigung unseres Schöpfers gewesen sein. Mit Spürnase und Adlerblick!

In puncto Ordnung, Sauberkeit und Anstandsregeln hatte sie erst recht kein Erbarmen mit mir.

»Ab zum Friseur! Die Zotteln müssen runter, damit du ordentlich aussiehst«, verkündete Mutti energisch.

Obwohl ich ganz anderer Meinung war, musste ich jahrelang für fünfzig Pfennige in der Nachbarschaft aufs Kinderbrett klettern, welches über die Armlehnen des Friseurstuhles gelegt wurde, und mich verhunzen, so richtig entstellen lassen. Jawohl!

So saß ich – wie ich fand – viel zu häufig drüben bei Rudi S., der mir mit seinem Glasauge als Friseur tüchtig gehandikapt schien und auch dementsprechend Leid tat. Das heißt aber um Gottes willen nicht, dass er schlecht geschnitten hätte. Nein, ganz und gar nicht! Ich fand mich nur viel schöner mit längerem Haar. War froh, dass ich die alberne »Kickelhahnfrisur«, diese altmodische, mit Kämmchen gesteckte Rolle mitten auf dem Kopf los war. Hätte am liebsten lange Zöpfe wie meine Schwestern oder einen wippenden Pferdeschwanz gehabt. Doch Mutti war konsequent dagegen. Das Gejammer beim Kämmen wollte sie von mir nicht auch noch hören.

Deshalb musste ich mir die Ohren freilegen und eine »Arsch-mit-Ohren-Frisur« verpassen lassen. Mit Mondgesicht herumlaufen, bis die Haare wieder nachgewachsen waren. Schrecklich! Einen feschen Jungenschnitt hätte ich mir ja noch gefallen lassen. Aber meiner? Nee, das konnte ich nicht einsehen und habe deswegen nach jeder Scherenprozedur laut und so lange »Der Mond ist aufgegangen« gesungen, bis Mutti die Galle überlief und sie kein Wort mehr mit mir sprach. Das konnte manchmal drei Tage andauern, wenn ich mir etwas zuschulden hatte kommen lassen. Sie wusste genau, dass Schweigen für mich Quasselstrippe die Hölle und die größte Strafe war. Dagegen war die kleine »Besenrute« auf dem Küchenschrank, die ich im Härtefall auch mal an den Hosenbeinen zu spüren bekam, ein glatter Lacher.

Mutti hatte strenge Erziehungsmethoden. Mich hielt sie aber ganz besonders in Schach. Vermutlich, weil ich eine gute Schülerin war und Papas »Filou« oder »Pfiffikus«.

Wie auch immer: Muttis ständige Erwartungshaltung nervte und belastete mich. Am meisten ihr strapazierter Lieblingssatz: »Du kannst!« Alles sollte und musste ich können. Auf Biegen und Brechen!

»Du wirst dein Geld einmal leichter verdienen als wir, wenn du so weiter machst«, spornte mich Mutti immer stolz an, wenn sie meine Zeugnisse unterschrieb.

Ach, Mutti, wenn du wüsstest!

Ich sollte vollenden, was ihnen nicht vergönnt war, weil ihre Eltern nicht genug Geld hatten, sie auf eine höhere Schule zu schicken. Ich konnte es nicht mehr hören, weil es mir nicht nur Leid, sondern weh tat.

Wie gerne wäre mein talentierter Vater Sänger geworden. Er hatte wirklich eine wunderbare Bassstimme.

Das war eine köstliche Zeit...

Weil wir eine musikalische Familie waren, wurde bei uns die Hausmusik sehr gepflegt. Schwester Gunda spielte Klavier, später auch ich. Meine Geschwister trällerten Sopran, Papa sang Bass, ich Alt. Und Mutti gab den Ton an – wie üblich! Nur Heiligabend erlebten wir sie besonders fromm und gnädig. Sie jauchzte und frohlockte mit uns und tirilierte mit ihrer glockenklaren Stimme wie eine Nachtigall.

Unser gemischter Minichor konnte sich schon hören lassen, wenn wir die schönsten Volks- und Weihnachtslieder oder beliebte Schlagermelodien erklingen ließen.

Unser Vater war gerührt und hatte Tränen in den Augen, trugen wir »In einem kühlen Grunde«, den »Bummel-Petrus«, »Mariand'l« oder die »Caprifischer« perfekt vor.

Eines Tages packte es ihn, als es finanziell zu verschmerzen war, und er nahm unermüdlich in Eisenach bei Herrn Töpfer Gesangsunterricht.

Von nun an war Papa tatsächlich nicht mehr zu bremsen. Theater, Theater, der Vorhang ging auf!

Stundenlang probte er wie besessen vorm Kommodenspiegel im Schlafzimmer, rannte mit seinen Partituren hin und her und machte damit unsere Mutter total meschugge. Bis sie die Faxen dicke hatte, wie ein Dompteur hinter ihm hersprang und auf ihn einredete: »Ernst, nicht so laut, nicht so laut. Du machst die ganze Nachbarschaft verrückt!«

Doch Papa ließ sich nicht beirren und tremolierte weiter und noch lauter: »Auch ich war ein Jüngling mit lockigem Haar.«

Danach folgte eine kleine Kunstpause. Nur ich wusste, dass Papa fix seine Stimmbänder ölen musste. Mit einem »Nordhäuser« aus seiner Pulle, die er hinterm Badetuch, welches gewöhnlich an der Waschkommode hing, versteckt hielt. Einmal hatte er aber die falsche Flasche erwischt und sich versehentlich einen Hieb vom Fichtennadelextrakt hinter die Binde gekippt, den Mutti zum Einreiben angesetzt hatte – mit viel versprechender Wunderwirkung!

Papa schüttelte sich aber nur wie ein Pudel, und schon ging es weiter im Takt. Noch lauter – wie immer: »Als Büblein klein an der Mutterbrust, hopp heisa bei Regen und Wind.«

Da geriet unsere Mutter ganz aus der Fassung und schrie entnervt: »Ruhe! Himmel Donnerwetter!«

Trotzdem folgten noch: »In diesen heiligen Hallen«, »Im tiefen Keller sitz ich hier«, das »Hobellied«, »Ich bin nur ein armer Wandergesell« und zum Schluss sein Paradestück »Alle Tage ist kein Sonntag«. Jeden Tag die gleiche Prozedur!

Kamen Geburts- und Feiertage heran, wurde Mutti angst und bange. Mir nicht. Ha, ha!

Wenn unsere Gäste in bester Stimmung waren, mein einfallsreicher Onkel Fritz es mit Komplize Führer-Karl sogar fertig brachte, unsere alte, klapprige Meckerziege als Ablenkungsmanöver aus ihrem »Stitz« (Stall) zu zerren und sie neben Mutti an unserem Stubentisch anzubinden, blieb kein Auge trocken und es nie aus, dass jemand aus der Runde Papa aufforderte: »Los Ernst, schmettere uns einen!«, worauf er ja sehnsüchtig wartete, damit er endlich loslegen konnte, dass die Wände wackelten.

Sonnenklar, dass Mutter Erna der Kragen platzte und sie erbarmungslos ihre »rote Karte« zog – ihn von hinten umschlang und mit ihren Händen sein weit aufgerissenes Bassorgan gnadenlos zuhielt. Ein Bild für die Götter!

Wenn bei uns die Sonne schien, es so richtig turbulent und lustig zuging – Lachparade im Non-Stopp-Programm – war ich happy und Papas Verbündete. Zog ein Sturmtief heran, schlug ich mich auf Muttis Seite. Und das kam unausweichlich wie das Amen in der Kirche, wenn Papas Werkzeug oder persönliche Dinge wie Brille, Lupe und Taschenlampe nicht in Reih' und Glied am richtigen Fleck lagen. Oder unser Weihnachtsbaum in den Ständer musste! Wehe, wenn ihn dann noch jemand reizte! Da war Stunk in der Hütte, aber wie! Papa konnte unberechenbar sein, wenn ihm etwas gegen die Hutschnur ging. Ihn regten sogar ein paar Strohhälmchen in der Wasserrinne auf dem Hof auf und brachten ihn zur Raserei, wenn er aus dem Küchenfenster schaute. Die mussten sofort weggefegt werden, sonst könnten sie doch unter Umständen bei Gewitterregen den Gully vorm Schuppen verstopfen. Zwecklos, ihn davon abzuhalten. Aber Mutti konnte es sich dennoch nicht verkneifen, ihn treffsicher zu bombardieren: »Jedem Tierchen sein Plaisierchen« oder »Ernst, mach die Pferde nicht scheu!«, was ihn natürlich noch mehr in Rage brachte.

Papa griff aber nicht nur liebend gerne nach dem Hofbesen, sondern trieb es wahrlich auf die Spitze. Fegte nachts, wenn er aus der Spätschicht kam, unsere bereits gekehrte Küche, weil er noch ein paar Fusseln oder Krümel entdeckt hatte, und brabbelte vor sich hin: »Weiberwirtschaft, Weiberwirtschaft!«

Im Schlaf gestört und gereizt meckerte ich dann in mein Kopfkissen: »Oller Krümelkacker!«, was er hoffentlich nicht gehört hat.

Keine Frage, dass wir alle seine Marotten übertrieben und lächerlich fanden. So pedantisch war Papa nun mal. Schließlich arbeitete er jahrelang als Gütekontrollmeister im Wartburgwerk Eisenach. Nun wissen wir auch, warum die »Wartburg«-Limousinen so fantastisch rollten!

Wenn sich aber unser Vater einen angesäuselt hatte, was hin und wieder nicht ausblieb, wenn er nach Versammlungen oder anderen Anlässen mit unserem Bürgermeister »Prost, Schorsche!« gemacht hatte, war seine »Kleinigkeitskrämerei« im Eimer. Gott sei Dank!

So mochten ihn alle am besten leiden, weil er etwas »angeschickert« eine richtige Stimmungskanone sein konnte und überall sang – am liebsten auf dem Tisch – wenn sich unser »Gendarm« Mutti außer Schussweite befand.

Wenn der Vater mit dem Schwiegersohne…

Zog Papa mit seinem Schwiegersohn Horst zum Frühschoppen los, kamen sie selten pünktlich zurück.

Mein Schwager kündigte schon beim Abmarsch mit seiner munteren Klappe und Bitterfelder Schlagfertigkeit an: »Omi, wenn wir zum Abendbrot nicht da sind, brauchst du mit dem Mittagessen nicht zu warten.«

Mit solch einer Verstärkung im Rücken war Papa fein raus. Mutti brauchte um ihren Ernst absolut keine Angst zu haben, wenn mein Schwager mit von der Partie war. Kam ihm jemand zu blöd, krachte es. Puff! Er strotzte förmlich vor überschüssigen Bärenkräften. Brauchte nur einen Hammer anzuschauen, schon war er futsch. Ansonsten: Sportskanone mit Profil. Ein wilder, aber guter Auto- und Motorradfahrer. Raste mit mir, weil meine Schwester eine Heidenangst hatte, auf seiner Java »350« die Autobahn rauf und runter, dass die Heide wackelte. Erstaunlich, dass bei diesem Tempo, seinen heiklen Bremsattacken und Wendemanövern kurz vor der Grenze kein Unglück passierte. Manchmal war mir wirklich, als verlöre ich die Besinnung, und mitunter sah ich mich schon mit einem Salto mortale in Wommen landen.

Schwager Horst war schon ein irrer »Moschkote«, wie ihn seine Kumpel titulierten, ein Tausendsassa, den ich als Teenager total fetzig fand. Abgesehen von der Gemeinheit, dass er mir oft mein mühevoll zum Kunstwerk toupiertes Haupthaar zur »Mieze« machte, wenn ich zum Tänzchen wollte, sowieso schon wie auf Kohlen saß – und mit dem Frisieren wieder bei Null anfangen musste. Da hätte ich ihn erschießen können.

Ach, niemals! Jedenfalls gab es immer einen Mordsspaß, wenn der Vater mit dem Schwiegersohne – und wenn Mutti Sendepause hatte.

Kornblumenblau…

Die künstlerische Seite meines Vaters, seine Sangeslust und -freude, gefiel mir besonders an ihm. Ich wollte ihm darin nicht nachstehen – ganz nach dem Motto: »Der Apfel fällt nicht weit vom Stamm!« Diese Versuche waren stets Papa zur Freude und Mutti zum Verdruss! Auf einer Geburtstagsfeier daheim in der »guten Stube«, kam ich – damals etwa zwölfjährig – auf folgende Schnapsidee: Zuerst gesellte ich mich zum starken Geschlecht. Dorthin, wo meine beiden liebsten Cousins saßen – Siegfried und Rudi. Trinkfreudige, humorvolle Pfundskerle, schlagfertig wie ein eingespieltes Komikerduo. Sie machten mit und bremsten mich keineswegs, als ich heimlich und am laufenden Band nicht meinen Most, sondern aus ihren Gläsern süffelte. Selbst gebrauten, köstlichen Hagebuttenwein und magenfreundliche »Körnchen«. Da alle daran gewöhnt waren, dass ich immer lustige Volksreden hielt und deftige Witzchen riss, fiel es anfangs auch nicht auf, was ich im Schilde führte und ausprobieren wollte. Als ich aber ausgelassen und hemmungslos auf meinen Stuhl stieg und wild gestikulierte, so dass die ersten Gläser vom Tisch purzelten, wurde es schon bedenklich brenzlig und meine Hintermänner ließen mich partout nicht auf den Tisch, wohin es mich eigentlich drängte. Zu spät! Ich war in Fahrt und ließ mich nicht davon abhalten – wie Papa! Mit tief verstellter Stimme parodierte ich ihn – unverkennbar –, und er fiel freudestrahlend mit ein: »Als Büblein klein an der Mutterbrust…« Hoppheisa! Da rutschte ich unter den Tisch. Fuhr plötzlich Riesenrad und Geisterbahn wie auf dem Rummelplatz. Mutter Erna wuchsen Flügel, mit denen sie wie das *Doppelte Lottchen* auf mich zuschwebte. Rundherum funkelten Sternchen. Und von weitem hörte ich die Englein singen. Zum ersten Mal in meinem Leben war es passiert. Einen kleinen Schwips in der Krone? Fehlanzeige!

Viel, viel schlimmer: Ich war stinkbesoffen!

Oh, mein Papa!

Wenn Papa unkte: »Ich hab's im Urin, es kommt heut' noch Besuch«, und wirklich unverhofft unsere Berliner mit dem Trabi um die Ecke gedüst kamen, war bei uns Stimmung angesagt und »Polen offen«. Mutti lebte auf, wenn sie wie eine Glucke Kinder und Kindeskinder um sich hatte und vergaß im Nu ihre vielen Zipperlein.

War das ein Segen, wenn wir richtig – zumindest kurzzeitig – im Tohuwabohu steckten. Papa sauste wie ein geölter Blitz umher und freute sich wie eine diebische Elster, weil er förmlich witterte, dass feuchtfröhliche Stunden in der Luft lagen.

Ich brauste wie die Feuerwehr zur Pate ins Oberdorf und musste noch einige innerbetriebliche Problemchen managen, während Papa den Dienstauftrag bekam, schnell mit dem Drahtesel nach Gerstungen zum Fleischer »Dorn«, dem besten, zu radeln, um fürs Abendbrot und die kommenden Tage genügend Proviant heranzuschaffen.

Nach zwei Stunden murmelte Mutti: »Wo der Ernst nur bleibt? Es wird doch nichts passiert sein?« Und wir warteten und warteten. »Da stimmt doch etwas nicht. Er wird doch nicht wieder…«, stellte sie nach drei Stunden fest, und Papa kam und kam immer noch nicht. Der Suchdienst stand schon in den Startlöchern, als im Hausflur ertönte: »So ein Tag, so wunderschön wie heute!« Entwarnung! Wie tröstlich! Aber, aber!

Mit einer blutigen Blessur im Gesicht, schmutzigen Händen, zerrissener Hose, leerem Netz und einem »Affen« war unser Vater endlich zurückgekehrt. Er ließ sich geschafft auf die Holzkiste, seinen Lieblingsplatz plumpsen und kommentierte seine Verspätung so: »Kinder, Kinder, Scheißkurve verpasst und zack ins Gebüsch. Wurscht (Wurst) die Böschung runter und peng, ab in die Werr' (Werra)!«

Ich hätte vor Lachen in die Tischkante beißen können, denn ich fand seine Entschuldigungsstory zum Schreien, so hart der Verlust der ins Wasser gerollten schmackhaften »Blasenwürste«, auf die sich alle vergeblich gefreut hatten,
für uns auch war.

Später stellte sich heraus, dass mein Vater nicht nur vom Rad gesegelt, sondern vorher mit unserem Apotheker im Gerstunger »Rautenkranz« gezecht, unter Standing Ovations auf einen Kneipentisch gestiegen war und sein komplettes Repertoire – wie immer – herrlich und aus voller Brust geschmettert hatte, so dass der »Storchenbrunnen« vor der Tür gebebt haben soll.

»Oh, mein Papa war eine große Kinstler!«

»Storchenbrunnen« vor der Gerstunger Apotheke

Silberhochzeit

Im kältesten Winter, den ich je erlebte, am 31. Januar 1956, feierten wir bei Minus 30 Grad die Silberhochzeit meiner Eltern.

Tagelange Vorbereitungen eilten voraus. Ich war fast zwölf Jahre und wie aufgezogen, weil es rund ging in der »Papiermühle«.

Unsere Zimmer wurden aus- und umgeräumt, viele leckere Kuchen gebacken, grüner »Zitterpudding« und gelbe Zitronenspeise gekocht, bunte Salate angerichtet und ein großes Bierfass aus Leuchtenbergers Kneipe ins Haus gerollt.

In der Abenddämmerung zerrte ich mit meinem Berliner Schwager Manfred auf eisglatter Landstraße ein geschlachtetes Riesenkalb, gekauft bei einem Bauern des Nachbarörtchens, nach Hause. Bei der Hundekälte, stocksteif gefroren, machte es die tollkühnsten Sperenzien und purzelte mehrfach vom Schlitten. Kaum aufgeladen, hatten wir es schon wieder verloren. Bis zur Verzweiflung quälten wir uns mit dem knochenharten Vieh auf dem Spiegeleis herum, selbst fast am Erfrieren und auf Knien und Hosenboden rutschend. Wahrlich eine Tragikomödie!

Ob unser Kalb nun wollte oder nicht, Tante Marthchen, eine extra engagierte Spitzenköchin aus dem Dorf, hat es erbarmungslos gebändigt und zu zahlreichen saftigen Kalbsschnitzeln und Braten verarbeitet, weil etwa sechzig Gäste erwartet wurden.

Aus Ost und West waren alle Schwestern und Brüder meiner Eltern eingeladen, die auch alle kamen beziehungsweise einreisen durften. Mein Onkel Hans von der Kasseler »Wilhelmshöhe« brachte sogar für alle Kinder einen großen Karton Mohrenköpfe mit. Eine Sensation! Außerdem hatte ich noch nie meine gesamte »bucklige Verwandtschaft« gesehen, wie man salopp zu sagen pflegt. Geschweige die Hände aller Westtanten und -onkel schütteln und sie mit Namen anreden können. Welch ein historisches Ereignis! Ehrensache, dass ich mich deshalb von der allerbesten Schokoladenseite zeigen musste, was mir phänomenal gelang!

Ohne lange Hosen, mit neuem, rotem Sonntagskleid, blütenweißem Spitzenservierschürzchen und meinen schnellsten Flitzern wetzte ich rauf und runter, hin und her, als wäre ich der *Kleine Muck*. Teilte den Glückwunschkarten und Geschenke bringenden Dorfkindern Kuchen und Plätzchen aus. Schob selbst – unbeherrscht und übertrieben – so viele Schokoladenkuchen- und Bienenstichstücke in mich hinein, dass mir hundeelend wurde. Heiliger Strohsack! Das hatte mir gerade noch gefehlt.

Wie auf Gummibeinen schleppte ich den knusprigen, duftenden »Opfer«-Braten zur Festtafel, von dem ich selbst nicht einen Happen kosten konnte, obwohl mir doch so sehr der Zahn danach getropft hatte.

Mmmh, wie es allen schmeckte! Ich hätte mich in den Hintern beißen können.

In unserem Festzimmer, welches bei dieser Polarkälte mit Kristallen an der Tapete einer Eisgrotte glich, ging es beinahe königlich zu, ohne bemerkenswerte Zwischenfälle. Ich riss mich vielleicht zusammen! Alles lief wie am Schnürchen! Bis ich die Balance verlor, wie »Tölpel Hans« aneckte und ausgerechnet meiner Kasseler Westtante die heiße Soße über ihren Busen und Ärmel kippte. Gute Nacht, Marie!

Mutti, die frierend, aber dennoch mit Haltung und ehrwürdig vor der glitzernden Eisblumenwand thronte, warf mir – ohne Kommentar – nur einen strafenden Blick zu, der blitzartig unterhalb ihres Silberkrönchens herausgeschossen kam und nichts anderes hieß als: Wegtreten!

Zu Befehl, Mutter Erna!, reagierte ich, ebenfalls wortlos. Verdünnisierte mich wie ein geprügelter Hund aus unserem »Kristallpalast« und dachte vor der Tür: »Hochzeit feiern – das ist wunderschön!«

Neustädter Schlittenfahrt

Was war im Thüringer Winterland schöner als eine zünftige Schlittenpartie? Im glitzernden Schnee, bei klarer, frischer Luft, mit stocksteifen Fingern und nasskalten Füßen.

Wenn ich mit meiner lahmen, nostalgischen »Grete«, die ich von meinen Schwestern übernommen hatte, hinaus in die märchenhafte Flur zog, zitterte Mutti nicht selten vor Angst und rief mir stets mahnend hinterher: »Komm ganzbeinig wieder. Und brich dir nicht das Genick!«

Das wünschte ich mir auch.

Zum Einfahren ging es den großen »Friedhofsberg« hinunter. Dann hinüber durch »Schulzens Höhle«. Hinauf über die Autobahn und bis hoch zum »Buschhäuschen«, unserer längsten und schönsten Schlittenbahn, die entsprechend beliebt war, im Gegensatz zu den mickrigen Idiotenhügeln.

Ach, wie schimpfte ich unterwegs immer über die verflixten stumpfen Kufen meiner »alten Dame« – bergauf und bergab. Sie war kein Schlitten, sie war eine »Krankheit«! Jawohl! Eine lahme Ente wie sie im Buche stand. Immer war ich die Letzte. Das brachte mich zur Weißglut und meine Widderhörner in Angriffsposition. Deshalb habe ich es garantiert geschafft, mit ihr mehrfach vor den einzigen Baum in der Landschaft zu preschen, der mir am Ende der Rennstrecke im Wege stand. Halb so schlimm, denn es gab ja meinen Onkel Erich, der die zerbrochene Querstrebe zwischen den Vorderkufen mehrere

Auf meiner gehimmelten »Grete« mit Großcousin Udo

Male reparierte. Bis er eines Tages den hoffnungslosen Fall satt hatte und für alle Ewigkeit ein stabiles Stahlrohr einsetzte, was zwar beschissen aussah und belächelt wurde, aber wirklich hielt. So kam ich zu meiner robusten »Panzer-Lady«. Zwar nicht die Schönste und Schnellste, aber die Stärkste im ganzen Land, die mir treu blieb bis ans Ende meiner Kindheit.

Ostertraditionen

»Eierschnüre, Läppchenschnüre rüs (raus)!«

Wenn halbwüchsige Kinder mit diesem Ruf von Haus zu Haus zogen, war es so weit. Das wunderschöne Osterfest klopfte an die Tür.

Dazu gehörte in meiner Kindheit ein traditioneller Osterbaum, der am Ostersamstag auf dem Neustädter Dorfplatz aufgestellt wurde – natürlich geschmückt.

Schon Wochen vorher wurden in den meisten Dorfküchen sämtliche zum Backen und Braten benötigten Eier nicht wie üblich auf dem Schüssel- oder Tiegelrand aufgeschlagen, sondern mit dicken Pausbacken mühevoll ausgeblasen. Danach kunterbunt bemalt und aufgefädelt. Ebenso farbige Stoffrestfetzchen mit Strohhalmstückchen dazwischen. Diese herrlichen Schnüre sammelten Schulkinder emsig und mit wachsender Begeisterung ein, trugen sie auf den Dorfplatz und hängten sie an die duftenden Äste der großen Fichte, die danach von starken Männern aufgerichtet wurde.

Geschmückter Osterbaum

Groß und Klein schauten diesem alljährlichen Ritual gebannt zu und riefen immer erleichtert: »Ah!«, wenn das beliebte Schmuckstück mit glatt geschältem Stamm im ausgehobenen Loch kerzengerade zum Stehen kam.

Am vorangegangenen Gründonnerstag fand bereits in den meisten Grasgärten das fröhliche Ostereiersuchen statt. Hatte der Frühling schon richtig Einzug gehalten, versteckte der Osterhase meine Nester in den Osterglocken von Tante Käthe.

Tobte ein Aprilstürmchen, durfte ich im Schuppen von Tante Anna und Tante Wagner im Heu meine Osterüberraschungen aufstöbern.

Manchmal sah ich »Hase-Langohr« noch über den Hof hoppeln und dann – flink wie meine Schwester Hildegard – über'n Zaun klettern. Einmal blieb er hängen und machte, oh Schreck, eine Bauchlandung in die Hecken: Fell zerrissen, Pfoten verstaucht, Pantoffel verloren! Das war nicht zum Lachen. Mein Herzchen schlug vor Sorge wie ein Presslufthammer.

»Keine Panik«, rief Mutti ihm aufmunternd hinterher. »Zeig, dass du ein dickes Fell hast, Osterhase!«

Wie tröstlich, dass er sich wirklich besann, sich wieder aufrappelte und humpelnd um die Ecke schlich.

Als wir hoch kamen, hinkte meine Schwester Hildegard jammernd durch die Küche, verletzt wie unser Unfallhase. Aha! Also doch! Den Osterbraten hatte ich längst gerochen und war mir nun sicher. Weil ich aber allen den Spaß nicht verderben wollte, ließ ich sie in dem Glauben, dass ich keinen blassen Dunst davon hatte, dass meine Schwester der diensthabende »Hasenfelix« war.

Richtig ausgelassen und fröhlich ging es dann Ostersonntag und -montag unterm Osterbaum zu.

Wir Kinder fassten uns bei den Händen, bildeten einen großen Kreis und liefen stundenlang um ihn herum. In der Mitte wurde zu zweit getanzt. Eigentlich mehr gehüpft was das Zeug hielt. Der Staub wirbelte, als galoppierten wild gewordene Zirkuspferdchen über den Platz, so dass hin und wieder sogar gegossen werden musste. Wenn ich Glück hatte, erlaubte mir Mutti auch, dass ich statt der langen Strümpfe meine weißen Kniestrümpfe anziehen durfte, die danach immer schwarz wie die Nacht aussahen. Meistens bettelte ich aber vergeblich, weil Mutti immer Einwände hatte. Ich war stets die Letzte, die nackte Knie zeigen durfte und kam mir schrecklich »verpimpelt« vor.

Natürlich sangen wir auch die hellsten Töne, um den Winter zu vertreiben und den Frühling herauszulocken. Zum Beispiel: »Der Winter ist vergangen«, »Tirol, Tirol, Tirol, du bist mein Heimatland«, obwohl wir es noch nie gesehen hatten, »Ein Bauer fuhr ins Holz« oder »Es war einmal ein kleiner Mann, heijuchheidi, der nahm sich eine große Frau, mh, ha, mh!«

Kam letzteres Singspiel dran, ging ich am liebsten stiften. Da ich größer als gleichaltrige Mädchen war, hatte ich immer das Vergnügen, die »große Frau« spielen zu müssen, die vom Markt nach Hause kam und Gift und Galle spuckte. Dieser Drachen! Darauf hatte ich absolut keinen Bock. Warum?

Ihr kleiner Mann saß quietschvergnügt im Fensterbrett und leckte seinen Teller aus. Der hatte meine ganze Sympathie. Seine große Schreckschraube aber rastete wegen seiner schlechten Manieren aus, griff zum symbolischen Besenstiel, einem ausgesucht stabilen Kinderarm aus dem Kreis, und verwackelte den kleinen, schmächtigen Wicht wie eine Furie damit. Schlug ihm sogar ein Loch in den Kopf.

Das sah ich absolut nicht ein, und mein »Gefieder« sträubte sich. War doch eine bescheuerte Moral und unklar obendrein. Ich dachte mir: Wer weiß, wie lange sein Weib unterwegs und wo es überall herumgeschwänzelt war? Die Große wollte ja unbedingt ohne ihn »zum Markte« gehen. Das roch mir sehr verdächtig. Währenddessen sollte ihr kleiner Hänfling rackern und ihre Stube auskehren. Er wird am Fenster gewartet und Ausschau nach ihr gehalten haben. Der arme Kerl hatte womöglich ihretwegen–Kohldampf schieben und sich schließlich selbst etwas zum Beißen suchen müssen und war vermutlich immer noch nicht satt. Und dafür musste er so büßen? Das war doch ein Scheißspiel!

Am Ostermontag verlief alles wie am Ostersonntag. Es kam nur noch eine kleine Attraktion hinzu, auf die sich alljährlich die 5. Klasse tierisch freute und auf die sie immer sehnsüchtig wartete. Ab diesem Schuljahr durfte man nämlich am Osterwaldspaziergang teilnehmen. Weil Rauchen im Wald streng verboten war, praktizierten wir genau das Gegenteil. Jeder durfte eine halbe Zigarette paffen. War doch sparsam? Wir Mädchen fanden diesen Teil der Veranstaltung nicht gerade umwerfend. Manche zeigten sich dabei verdammt keuchhustenverdächtig und grünschnäbelig.

Am »Osterdienstag« hatte die jeweilige 7. Klasse ihren tollen Tag. Kostümiertes Eiersammeln war angesagt, was nur ihr zukam: »Ein Ei, ein Ei, auch zwei!«, schrie dann die »verkappte« (verkleidete) Meute, während sie schnorrend durch das Dorf zog. Angeführt von einem Hasenpärchen, welches Hasenmasken, Kaninchenfelljacken und »Kitzen« (Kiepen) zum Eierdeponieren auf dem Rücken trug. Bei dieser Sammelaktion kamen weit mehr als hundert Eier zusammen, die wir kochten und alle auf einmal verdrückten. Als Osterausklangsmahl!

Der Hasenvater bin ich. Meine Hasenfrau ist Waltraud. Bernd Hofmann trug Zylinder und spielte schon damals prima Theater: »Hei, heute Morgen mach' ich Hochzeit!« Mit Bäckerstochter Renate!

Ein Glück, dass damals noch niemand daran dachte, sich wegen eines zu hohen Cholesterinspiegels verrückt zu machen. Kein Hahn krähte danach!

Immerhin schaffte ich mindestens zehn hart gekochte Eier, die mir dann wie Wackersteine im Magen lagen und drei Tage zu schaffen machten, ehe die Verdauung wieder funktionierte. Ach, du liebes Osterfest!

Packt die Badehose ein!

An heißen Sommertagen spielte sich Neustädts fröhliches Jugendleben am »Badfleck« ab.

Wir zogen mit Decken, Getränken und sonstigen Badeutensilien an unseren Werrastrand. Zum Dorf hinaus, linksseitig die saftigen Wiesenwege hinunter bis zum Werrauufer, wo sich eine schräge, festgetrampelte Einstiegsmöglichkeit befand und Groß und Klein tummelten, hauptsächlich aber Nichtschwimmer herumgeisterten.

Genau dort am »Badfleck« lernte ich erst mit 12 Jahren das Schwimmen, was nicht unbedingt an mir gelegen hat. Vielmehr am Mütterlein, die mir hartnäckig verbot, in der gefährlichen »Brühe« zu baden, weil sie tausend Ängste hatte: Ich könnte ertrinken, mir Krankheiten holen, weil hin und wieder ein totes Ferkel oder andere Abfälle angeschwommen kamen, oder mich vielleicht in den gefürchteten Schlingpflanzen verheddern. Natürlich waren ihre Befürchtungen zum Teil begründet. Immerhin hieß es dort: Baden auf eigene Verantwortung!

Im Waschbecken oder in der Badewanne konnte ich mich aber nun weiß Gott nicht freischwimmen. Bewachte Freibäder gab es ja rundherum auch noch nicht.

Jedenfalls riskierte ich mehr als ich durfte, mit gepumpten Schwimmkissen und -korken.

Ich konnte es kaum fassen, dass ich mich eines Tages wirklich ohne diese Hilfsmittel über Wasser halten konnte.

Wer am Sallmannshäuser Ufer landete, also quer durch die Werra gepaddelt war – egal wie –, der konnte schwimmen. Ich war dort angekommen. Irgendwie gelangte ich auch wieder auf die Neustädter Seite zurück. Hurra! Es musste stimmen: Ich konnte tatsächlich schwimmen. Gott sei Dank!

Vorher wurde auch ich von den Jungen ständig schikaniert, die nur im Kopf hatten, ängstlich zitternde Nichtschwimmerinnen unter Wasser zu »ditschen«. Ich hasste es, Wasser schlucken zu müssen und mochte es auch nicht in meinen Ohren, weil ich danach meistens Mittelohrprobleme bekam. Davor hatte ich immer schrecklichen Bammel.

Einmal wollte ich meine Schwimmkünste testen und machte schlapp, weil mich ein hässlicher Wadenkrampf überraschte. »Toter Mann« (Rückenlage) konnte ich nicht, und so war ich heilfroh, als mich meine ältere Schulkameradin Helma wie ein Rettungsschwimmer abschleppte. Eine »Wasserratte« bin ich wegen der Krampfattacken nie geworden. Eher eine »bleierne Ente« – gemächlich, vorsichtig und am liebsten mit Grund unter den Füßen.

Erwähnen muss ich unbedingt, dass ich am liebsten mit meiner Freundin Waltraud im Schatten hinter den Büschen in der Nähe des Sprungbrettes lag. Dort konnten wir die besten Schwimmer beobachten und bewundern. Jene, die Anlauf nahmen, über das wippende Brett jagten und athletische Sprünge, meistens »Köpfer«, ins Wasser setzten, dass es spritzte und schäumte und so herrlich nach Werra roch. Toll! Aber selbst vom Sprungbrett? Niemals!

Wir zogen es vor, die hinreißende Bademode der Fünfziger zu mustern. Manchmal schielten wir aber auch neugierig nach dem, was bei den größeren Mädchen und Jungen darunter verborgen blieb: Hügellandschaften und Beulen, die nicht zu übersehen waren.

Ein sicheres Zeichen, dass wir langsam flügge wurden.

Schweinskram

Magische Anziehungskraft hatten für uns Kinder auch die Neustädter Autobahnbrücken. Was konnten wir dort auf den Brückengeländern und an den Wänden der Unterführungen nicht alles für rätselhafte Karikaturen und Kritzeleien bewundern oder verabscheuen?

Anfangs wurde ich von meiner älteren Schwester Gunda und deren Freundin, die sich offensichtlich schon besser damit auskannten, ausgelacht, wenn ich die komischen Gebilde als Pistolen, krumme Nasen, Gurken und Papierdrachen mit Fransen deutete. Sie erst richtig erkannte und verstand, als ich lesen konnte.

Autobahnbrücke bei Neustädt

»In der Nacht, in der Nacht, wenn der Büstenhalter kracht und der Bauch explodiert, kommt das Baby anmarschiert.« Oder: »Licht aus, Licht aus! Der Vater holt sein Spielzeug raus. Die Mutter macht die Beine breit. Das F…, das ist kinderleicht.«

Au Backe, mein Zahn! Was ich dort so alles erfuhr und kennen lernte? Genau das, was in Neustädt von den »Platt« sprechenden Erwachsenen als »Schwinnskrom« (Schweinskram) abgetan wurde.

Manchmal blieb mir glatt die Puste weg. Heiße Infos und Wörter, die zu Hause absolut tabu waren, gab es dort kostenlos und in Fortsetzung. Da musste ich schön neugierig dranbleiben und es mit den Klassenkameradinnen auswerten. Diesbezüglich war meine Mutter bis zum Stehkragen zugeknöpft. Sie zeigte sich niemals im Evaskostüm. Papa dagegen hüpfte gut gelaunt schnell mal ohne Hosen und mit wackelndem »Patengeschenk«, welches spitzbübisch unter seinem kurzen Turnhemd hervorlugte, durch unsere Küche.

Mutti verscheuchte ihn aber leider blitzschnell, indem sie entsetzt dazwischenfunkte: »Ernst, wirst du wohl? Die Kinder!«

Die Kinder, die Kinder! Solch ein Blödsinn!

Mütter meiner Generation machten aber so viel Ruß um die natürlichsten Dinge der Welt und versteckten sie vor uns Kindern. Wir waren uns selbst überlassen und mussten auf Entdeckungsreise gehen. Wenn Mutti wüsste, warum ich mit Karli so gerne ins Kornfeld geschlichen bin. Sie wäre nicht wieder geworden.

Männlich und weiblich konnten wir sehr wohl unterscheiden, kannten aber die Geschlechter nur in unentwickelter Miniaturausführung. Die Erwachsenen ließen uns diesbezüglich vor Neugierde platzen, weil sie sich wie Weihnachtsgeschenke verpackten. Uns nichts verrieten oder auswichen, wenn wir konkrete Fragen stellten.

Wie ich einmal: »Mutti, warum jagt der Gockel wie ein Verrückter auf dem Hühnerhof herum und springt auf sämtliche Hühner?«

»Weil die Hühner ihn geärgert haben, beißt er sie in den Kopf«, bekam ich zur Antwort. Fünfzehn Hühner – ich konnte schon gut zählen – sollten den Hahn in Wut gebracht haben. Warum? Wann? Wo? Ich beobachtete das Treiben ziemlich genau vom Küchenfenster aus. Das wäre mir nicht entgangen. Als ich unzufrieden weiter bohrte, kam Mutti prompt mit der Ausrede, dass sich die Hühnerschar schon im Hühnerhaus mit dem Gockel gestritten hätte. Von wegen! Das sah wie ein abgekartetes Spielchen aus, was da auf dem Hühnerhof zwischen Misthaufen und Hoftor ablief. Die Hühner ließen es sich doch alle gefallen, wenn der Hahn gemütlich auf ihnen hockte und flatterten danach sogar vergnügt davon.

Mutti erzählte Ammenmärchen, was mich schrecklich ärgerte. Ich wollte es genauer wissen. Biologische Vorgänge von Mensch und Tier wurden einfach unter den Tisch gekehrt.

Ebenso deren Begleiterscheinungen, Hilfsmittel und sonstige Nebenwirkungen.

Über gebräuchliche Frauenhygieneartikel fiel zum Beispiel absolut kein Sterbenswörtchen.

Als ich mich damit anfreunden musste, waren zum Glück schon die zum Wegwerfen in Mode: »Alba Zell«, »Rosa ideal« und wie sie alle hießen. Aber Mutti musste sich noch mit rückschrittlicheren »Geschützen« durch ihre »Mens«-Tage kämpfen: Mit den »Gewirkten«, die gewaschen und als Dauergebrauchsartikel benutzt wurden. Da stieg ich »Neugierdsgretchen« aber selbst dahinter, denn Mutti schwieg darüber wie ein Grab.

Bis Folgendes passierte: Ihre im Grasgarten zum Bleichen ausgelegten Vorlagen waren plötzlich verschwunden. Was nun? Ein peinlicher Zwischenfall! Für mich aber eine gelungene Schadenfreude!

Da hatten sich unbekannte Kletterexperten einen deftigen Streich geliefert. Im Obstgarten, der sich genau an der Dorfstraße befand, in aller Öffentlichkeit!

Ich entdeckte das Schauspiel zuerst und meldete Muttern exakt: »Falls du deine Kragenbinden suchen solltest, die hängen ganz oben in Tante Mariechens Birnbaum.« Funkstille! Ich habe Mutti selten so sprachlos gesehen. Dann tagte ratlos der Krisenstab.

Meine Schwester Hildegard oder ich? Wer würde auf den höchsten Baum delegiert werden? Geschafft hätte ich es schon. Zum Birnenpflücken jederzeit. Aber wegen dieser...?

Ich würde streiken, wenn es mich treffen sollte.

Mutti druckste auffallend herum, lief hin und her wie ein Tiger im Käfig und murmelte: »So etwas, nein, nein, nein! Das hat die Welt noch nicht gesehen!«, unentwegt auf unsere Wanduhr schielend. Papa? Richtig vermutet.

Als er von Arbeit kam, wurde er überfallartig verdonnert, unverzüglich auf die »gute Luise« zu klettern. Papas Begeisterung war nicht zu übersehen.

Ich stand ihm bei der Lösung seines diffizilen »Parteiauftrages« treu zur Seite. Hielt die Leiter, mit welcher Papa in Schwindel erregender Höhe hin- und herschwankte, wie ein Mann, während er mit einer langen Bohnenstange die wedelnde »Schande« aus dem Birnbaum angelte.

Vor mehr als fünfzig Jahren!

Dennoch unvergessen wie auch die anfangs zitierten frivolen Brückenverse.

Kein Wunder! Schließlich begann mit ihnen meine sexuelle Aufklärung – in der Heimat, unter Neustädts Autobahnbrücken.

Kirmesvergnügen

Unsere Neustädter Dorfkirmes war in jedem Jahr für Jung und Alt das schönste Vergnügen. Sie wurde im Herbst, meistens im Oktober, zum Erntedankfest gefeiert. Drei Tage lang! Und wie!

In meiner Kindheit war ich immer dabei und kurvte überall mit herum, wo auf die Trommel gehauen und zünftige Blasmusik gespielt wurde.

Wenn endlich, ein paar Wochen nach dem sogenannten »Kirmesantanz«, die Kirmesgesellschaft und die Kapelle mit Pauken und Trompeten durch das Dorf zogen, war es endlich soweit: »Unsere Kirmes, sie lebe hoch, hoch, hoch und nochmals hoch!«, riefen die noch munteren Kirmesburschen und -mädchen mit klaren, kräftigen Stimmen, die sich am letzten Tag jedoch heiser und krächzend anhörten.

Ich fieberte von Anfang bis Ende mit. Wünschte mir immer, wenn es rhythmisch in meinen Beinen zuckte, endlich erwachsen zu werden, um auch die Abendveranstaltungen auf dem Tanzsaal nicht verpassen zu müssen.

Das bunte Treiben begann samstags mit einem Umzug durch das Dorf. Unüberhörbar! Meistens mit beliebten Märschen. Die zackigen »Alten Kameraden« rissen mich stets wie von der Tarantel gestochen vom Hocker.

So dürftig die Zeit auch war, Mutti hat es immer wie ein *Tischleindeckdich* geschafft, uns mit einem »nassen« (mit Obst) oder »trockenen« (mit Streuseln) Kirmes-Hefekuchen, der einfach nicht fehlen durfte, zu überraschen.

Auf unserem Herd brutzelte es in der großen Bratpfanne. Es duftete in der ganzen Wohnung nach herrlichem Kaninchenbraten, den uns meistens mein Onkel Erich aus seiner rotäugigen Angorazucht spendierte. Wie freute ich mich immer auf die schmackhaften Thüringer Klöße, die meine älteste Schwester Hildegard und Mutti aus einem Wassereimer voll dicker Kartoffeln zauberten und dampfend auf den Kirmestisch brachten. Handgerieben und -gepresst! Mit knusprig gerösteten Semmelbröckchen in der Kloßmitte, die mir aber am besten schon heiß aus dem Tiegel schmeckten und deshalb nie reichten.

Neben den kulinarischen Höhepunkten gab es aber auch noch andere.

Wenn ich Glück hatte, nähte mir unsere Pate Klara ein neues Kirmes-Dirndlkleid, welches ich stolz an den Nachmittagen zum Kindertanz unter der Linde, bei schlechtem Wetter im Tanzsaal, ausführen durfte.

Anfang der Fünfziger gab es in Neustädt sogar noch zwei Tanzlokale, so dass sich die Erwachsenen aussuchen konnten, wo sie »Omas klein' Häuschen« versaufen wollten. Mir gefiel es immer bei »Maxens« am besten, wo wir Kinder uns mit grünem Waldmeister- oder rotem Himbeersprudel zuprosteten. Dort wagte ich auch mein erstes »Schiebertänzchen« mit einem Jungen. Am liebsten spielte ich aber selbst den »Mann«! Schob und wirbelte nach allen Regeln der Kunst meine Freundinnen Waltraud und Anita über das Parkett.

Am Sonntag ging es mit Musik und wunderschönem Getreidekranz, den die Kirmes-mädchen gebunden hatten, in unsere Kirche. Dieser wurde auf dem Taufstein abge-legt, denn rundherum war die gesamte Ernte aufgebaut: große Kürbisse, Kartoffeln, Gemüse und Obst, alles Musterexemplare. Ein herrlicher Anblick! Nachmittags tanz-ten die Kirmesburschen, die bunte Sträußchen an ihren Hüten hatten, mit ihren Kirmes-mädchen, die Blumen im Haar trugen, unter unserem uralten Lindenbaum auf dem Dorfplatz. Wer Lust verspürte, hüpfte auch mit herum, sogar auf der Straße, denn keiner nahm zur Kirmes die Straßenverkehrsordnung ernst.

Ich bewunderte am liebsten aus luftiger Höhe die wirbelnden Glocken- und Faltenröcke und hielt Ausschau, wo »Platzknecht« und »Pritschenmeister« herumwuselten. Diese bei-den Gesellen hatten die größten Sträuße am Hut und das Sagen im Kirmesgeschehen.

Der »Pritschenmeister« schritt immer Respekt einflößend mit einer »Holzpritsche«, einem flachen Schlagholz mit farbigen Bändern, voran.

Kirmes 1926
Meine Mutter sitzend, als Fünfte von links in der ersten Reihe

Ach, war das ein toller Anblick, wenn ich im Kettenkarussell meine Runden drehte. Immer in der Außenreihe sitzend, weil ich so am weitesten flog und mit meinen Füßen sogar Sodes Akazienbaum streifen konnte. Unter den Klängen von Belafontes »Bananen-lied«! Das machte Laune!

Am alten Ziehbrunnen hatte sich meistens unser »Konsum« etabliert. Meine Schwester Gunda und Kollegin Margrit verkauften dort knackige Bockwürste und Süßigkeiten – noch keine Bitterschokolade, aber den Verkaufsschlager »Vitalade«. Da wir heißhungrig auf Süßigkeiten waren, verdrückten wir gierig das klebrige Zeug und fanden, dass es prima schmeckte.

Auch eine Schießbude durfte nicht fehlen, so dass Luftgewehrexperten auch auf ihre Kosten kamen und bei ihren Kirmesliebchen sogar mit abgeschossenen Papierrosen Eindruck schinden konnten. Nach Mitternacht bekam jedes aus der Schule entlassene Dorfmädchen ein Ständchen geblasen. Wir wurden stets alle wach, und meine Schwester Gunda war hellauf begeistert, wenn im Walzertakt ertönte: »Du kannst nicht treu sein«.

Am Kirmesmontag lauerte unser Vater immer sehnsüchtig auf sein spezielles Kirmesvergnügen. Er stand ungeduldig hinter der Küchengardine und fieberte förmlich mit, bis endlich die Kirmesgesellschaft mit der Kapelle um die Eisfeldkurve getrabt kam. Auf allen Gehöften erhielt jede Familie ebenfalls ein Ständchen, wofür die Leute ein paar Penunzen herausrückten. Für die Kirmesunkosten!

Papa räusperte sich fix und brachte seine Stimme auf Touren. Tonleitern trällernd marschierte er eilig die Treppe hinunter. Ich fegte natürlich sofort hinterher. Nur Mutti ging keinen Schritt an die »Front«. Holte nur tief Luft und schüttelte mit einem griesgrämigen Gesicht den Kopf. Zum Fürchten! Wie ein abschreckendes Warnsignal! Doch das juckte Papa kurz vor seinem Showauftritt nicht im Geringsten.

Als wir vor die Haustür traten, rief der Solotrompeter schon traditionsgemäß: »Ernst, wie immer?« Na, das war doch sicher wie das Amen in der Kirche. Papa nickte, zeigte drei Finger, kippte zwei spendierte Schnäpschen hinter die Binde, drückte dem Platzknecht seinen Obolus in die Hand und strahlte wie ein Honigkuchenpferd, als die Kapelle zu spielen begann.

Voller Hingabe sang Papa vorm Misthaufen – wie ein Profi, als stünde er in der Dresdner Semperoper: »Alle Tage ist kein Sonntag.« Von der ersten bis zur dritten Strophe!

Und zu jeder Kirmes, die ich miterlebte, gab es die gleiche Prozedur. Zuverlässig wie *Dinner for o*ne zu Silvester!

Pechvogel

Was war ich doch für ein Unglücksrabe?

Wer wurde vom Bürgermeister beim Kirschenklauen erwischt? Ich!

Wer krachte beim Schlittschuhlaufen in die kalte Brühe? Ich!

Wer stürzte beim improvisierten Fallschirmspringen vom Birkenbäumchen? Ich!

Wer flog von der Schaukel in die Hühnerkacke, weil das Seil zerriss? Ich!

Wer erntete bei Sport und Spiel ein angebrochenes Nasenbein? Ich!

Wer fand die Schnecke im Salat? Ich!

Und da bin ich mit meiner Aufzählung noch längst nicht am Ende. Irgendwie ging es doch nicht mit rechten Dingen zu. Immer ich!

Das nahm ich unserem Herrgott da oben ganz schön übel. Deshalb wollte ich ihm zeigen, dass ich essigsauer war – und da fiel mir auch schon etwas ein: Wir übten gerade im Christenlehreunterricht das Kirchenlied »Jesu, geh voran«, als ich mich erdreistete, die Zeile mit »auf der Autobahn« zu beenden. Alle Christen wissen, dass Jesus dort absolut nichts zu suchen hat, sondern nur auf der Lebensbahn. Erst recht kannte sich Pfarrer Schulze aus, der bedenklich erblasste und sich setzen musste. Das hatte er von mir nicht erwartet.

Mein Sündenregister! Langsam wurde es kritisch. Es ging ja noch weiter: Als wir eines Tages mit dem Putzen der Kirche an der Reihe waren, kam mir noch eine bessere Idee als in der Sakristei in den Pastorentalar zu schlüpfen und zum x-ten Male meine Schulkameradinnen zu vermählen, die das Heiraten, immer auf dem blauen Samtbänkchen kniend, schon langsam satt hatten.

Beim Staubwischen auf der Orgelempore war es nämlich überhaupt kein Problem, einige kleine Orgelpfeifen zu vertauschen. Gedacht, getan! Einige machten mit. Der Rest stand Schmiere. Zum Sonntagsgottesdienst kam dann die herrliche Bescherung: Statt wohltuender Orgelklänge begann ein entsetzliches Fiepkonzert, weil die hohen Töne verrückt spielten. Für mich gab es zur »Belohnung« ein wochenlanges Kirchenverbot.

Neustädter Kirche
Im Vordergrund: blaues Hochzeitskniebänkchen

Damit konnte ich leben, obwohl es mich grämte. Schlimmer war, dass unser Herr Pastor mich Übeltäter, nachdem ich freiwillig gestanden hatte, von der Kanzel herunter beim Namen genannt und als »Sünderin« bezeichnet hatte. Oh Gott, oh Gott! Dafür musste ich büßen. Ich kam mir vor wie eine Hexe kurz vorm Scheiterhaufen. Rundherum Getuschel und strafende Blicke von allen Seiten.

Papa erfuhr meinen Streich zuerst im Männerchor und sang dem Organisten, unserem »Opfer«, eine Entschuldigungsarie. Ein kleiner Trost, bevor mich Mutti ins Gebet nahm. Natürlich machte die Orgelstory in unserem Kaff so schnell die Runde wie die amtlichen Bekanntmachungen des Bürgermeisters, die noch der Gemeindediener, mit der Klingel durchs Dorf spurtend, lautstark verkündete.

Zum Glück war aber der Dorfknatsch bald vergessen, weil wesentlich aufregendere Ereignisse geschahen.

Abgehauen

Plötzlich und unerwartet waren eines schönen Tages unser Bäckermeister und seine Frau verschwunden.

Große Aufregung im Dorfe! Über Nacht gab es kein herzhaftes Krustenbrot und keine knusprigen Bäckerbrötchen mehr. Mit dieser bedauerlichen Situation hatte niemand gerechnet. Wir erfuhren, dass unsere beliebten Bäckersleute über die Grenze geflüchtet waren. Sie ließen ihre Bäckerei sowie ihr idyllisch gelegenes Waldhäuschen mit einer kleinen Nutriafarm zurück. Alle Dorfbewohner waren sprachlos.

Danach hatte es eine Bauernfamilie geschafft, den Grenzstacheldraht zu zerschneiden und sich sogar mit Pferden, Wagen und Proviant abzusetzen. Diese mutigen Leute fuhren ins Feld – wie jeden Tag – und kamen nicht zurück. Niemand hatte Verdacht geschöpft. Das ganze Dorf war baff über diese gelungene gefährliche Flucht, vor der ein »Egon Olsen« vermutlich seinen Hut gezogen, wenn er je davon erfahren hätte. Außerdem waren junge Burschen nachts durch die Werra in den Westen geschwommen. Oder Mitschüler hatten uns auf Nimmerwiedersehen verlassen.

Jahre später ist es sogar einmal einem dreizehnjährigen Abenteurer gelungen, seinen Ranzen daheim in der Hundehütte zu verstecken und im hessischen Wommen bei der Verwandtschaft Guten Tag zu sagen. Er wurde aber, da noch minderjährig, schnellstens zu seinen Eltern zurückgeschickt.

Es ging wahrhaftig Schlag auf Schlag. Aus den verschiedensten Gründen. Hauptsächlich aber, weil die bevorstehende Kollektivierung der Landwirtschaft, die sich hinterher glücklicherweise als Verbesserung für alle entpuppte, große Unruhe und Ängste unter den Bauern ausgelöst hatte.

Es brodelte jedenfalls wie in einer Hexenküche, und ich hatte »Fracksausen« vor jeder neuen Hiobsbotschaft. Kurzum – es war eine aufregende Zeit, in der ich direkt an der Grenze aufwuchs.

Flügge geworden!

Ehe ich mich versah, war ich in der 8. Klasse angekommen. Das war im Jahre 1958, als die Lebensmittelkarten abgeschafft wurden.

Unverdrossen schleppte ich immer noch meinen schwarzen, kunstlederbezogenen Pappranzen auf dem Rücken zur Schule. Das muss »verboten« – also äußerst lächerlich – ausgesehen haben, denn ich war hochgeschossen wie eine Salatpflanze und dünn wie eine Bohnenstange.

»Wenn du so weiterwächst, Hase Langbein, kannst du bald aus der Dachrinne saufen«, foppten mich die einen. Und die anderen: »Du siehst aus wie das Leiden Christi«. Beides entzückende Komplimente!

Gott sei Dank hatte ich aber schon so viel Selbstbewusstsein, dass ich ehrlich und direkt zurückschoss, wenn mir jemand doof kam. Ich blieb keinem eine Antwort schuldig und versuchte immer, mit trockenem Humor im Wortgefecht zu siegen. Spielte nie die beleidigte Leberwurst. Daran hat sich bis heute nichts geändert.

Jedenfalls war ich auf dem besten Wege, erwachsen zu werden, wenn man es auch nicht sah, denn ich hatte weniger unterm Pullover als die anderen gleichaltrigen Dorfmädchen, was sich aber später noch gründlich änderte. Von einem Extrem ins andere! Das wurmte mich! Am meisten aber, dass ich ständig diese Mistkonstruktion von Strumpfbandleibchen tragen musste. Fuchsteufelswild war ich darüber, dass mir durch dieses blöde Geschirr meine zarten Knospen erbarmungslos platt gedrückt wurden.

Wie auch immer: Der Zeitpunkt war gekommen, dass ich meine langen Beine richtig ausstrecken konnte, mich nicht mehr wie ein Fragezeichen verbiegen und morgens kreuzlahm aufstehen musste – weil ich nun endlich ein eigenes Bett bekam.

Meine Schwester Gunda und Familie waren ausgezogen, weil sie in Eisenach in der Goethestraße neben dem Landestheater eine Wohnung erhalten hatten.

Irgendwie ging das Leben weiter seinen gewohnten Gang, aber berauschend fand ich es nicht, dass wir nur noch zu dritt am Küchentisch saßen und nichts Verrücktes mehr passierte.

Mir fehlte unsere »Krawallschachtel«, Schwager Horst, der in einem Punkt genau auf meiner Frequenz lag: Budenzauber und Rambazamba bis in die Nacht! Nichte Beate, die »Schreibüchse«, für deren Geplärr nur ich die Schuld eingeredet bekam, sowieso. Ebenfalls vermisste ich meine Schwester, die als Verkäuferin oft Arbeitskolleginnen mitgebracht hatte, wenn stundenlang für den »Konsum« Lebensmittelkartenschnipsel mit Mehlkleister auf Zeitungspapier aufgeklebt wurden. Da war auch immer »Holiday« bis ultimo angesagt. Stattdessen nahm mich nun Mutti noch stärker ins Visier.

Deshalb war es immer ein Segen, wenn Besuch aus dem Oberdorf zu uns kam. Klapperte es mit dem Schlüssel an unserer Dachrinne, wussten wir, dass unsere Tante Milda, die jüngste Schwester meiner Mutter, vor verschlossener Haustür stand. Eine

Klingelanlage gab es noch nicht. Brachte sie Pate Klara mit, war es am besten, wenn mein Vater unterwegs war und auch blieb. »Widdertante« Milda hatte sich mit ihm, dem empfindlichen »Skorpion«, immer ziemlich schnell in der Wolle, was unsere neutrale Pate Klärchen absolut nicht verknusen konnte und zum sofortigen Rückzug bewegte. Es war wirklich vernünftiger, wenn die »drei reizenden Schwestern« unter sich waren und über Gott und die Welt schwatzten. Dann hatte Mutti auch nichts dagegen, dass meine Schulbücher vorübergehend vom Tisch flatterten und ich von der Bildfläche verschwand. Ich musste ja auch nicht hören, wer im Dorf den Schnupfen hatte!

Nur für einen Gang aufs Hofklo abgemeldet, kam ich zeitmäßig zwar nicht sehr weit, aber ein Abstecher in die Nachbarschaft zu Lisa und Anita oder ein Dauerlauf zu Freundin Waltraud waren schon drin.

Karl der Große

Mit Lisa, »Karl der Große«, und Anita, »Karl der Kleine« – wir fanden es richtig »knorke«, uns mit den Vornamen unserer Väter anzureden –, ging es immer recht turbulent und abenteuerlich zu. Manchmal sogar atemberaubend, wenn ich an unsere riskanten Experimente denke, die sich hauptsächlich in den Scheunen und auf den Heuböden meiner Nachbarinnen abspielten.

Lisa war die älteste Maid in unserem » verrückten Heldentrio« und hatte immer die tollkühnsten Einfälle. Wir machten natürlich prompt mit, obwohl uns oft vor Angst »die Düse ging«. Wer wollte schon ein Feigling oder Schlappschwanz sein? Ein Wunder, dass wir uns bei den waghalsigen Zirkusnummern nicht das Genick gebrochen haben.

Wir waren zwar auch gelenkig, turnten zusammen in einer Sportgruppe, aber an Lisas Talent kamen wir nie und nimmer heran. Sie war die größte Sportskanone im Dorf. Nahm sogar an Kreismeisterschaften teil und belegte dort oft Siegerplätze, die ihre Klasse unterstrichen. Auch den Hula-Hoop-Reifen konnte niemand so perfekt um die Hüften kreisen lassen wie sie.

Sportgruppenauftritt: Im gegrätschten Handstand stehe ich.
Lisa glänzt mit einem Spagat.

Lisa war unser Boss. Keine Frage. Immer tapfer und mutig, vorbildlich, fröhlich und eine fleißige, flotte Biene.

Sie hatte den gestärktesten Petticoat im Kaff, hart wie Brett. Ihr Markenzeichen und einsame Spitze, weit und breit!

Es war schon eine Augenweide, wenn sie ihn ausführte – unterm traumhaft schwingenden, farbenprächtig gemusterten Rock. Darüber hatte sie einen breiten schwarzen Elastik-

Meine Spezialität: »Brücke«

gürtel um ihre schlanke Taille geschnallt. Trug außerdem weiße Pantoletten, »Rennsemmeln« genannt, und einen geflochtenen Henkelkorb, in welchem sie stolz ihr »Sternchen« herumschleppte. Hand aufs Herz! Wer erinnert sich schon noch an das erste »Stern«-Kofferradio, das damals gerade in den Handel gekommen war?

Mit allem Drum und Dran präsentierte uns Lisa souverän den neuesten Modeschrei in unserem gottverlassenen Nest – superschick und sexy!

Dazu ertönte aus ihrer kleinen »Heule« oft »King Elvis« mit heißem Rock 'n' Roll. Wir waren »high« und hin!

War der Zauber dann irgendwann vorbei, wurde der steife Halbunterrock, das gute Erbstück von Oma Sophie, zu Hause an die Stubenwand gestellt. Dort stand er wie ein Möbelstück bis zum nächsten Ausgang stramm, was mit meinem lappigen Fummel leider nie funktionierte. Wahrscheinlich hatte Lisa deshalb ihrem »Schmuckstück« den ausgefallenen Spitznamen »Kommode« verpasst, worüber wir uns köstlich amüsierten. Lisas »Kommode« war schon eine grandiose Sehenswürdigkeit. Ich glaube, sie rangierte in unseren Köpfen noch vor der Wartburg.

Ansonsten hatte Lisa alle Hände voll zu tun. Besonders, wenn sie das Bauernhaus ihrer Eltern auf Vordermann brachte. Sie tat mir ausgesprochen Leid, wenn wir auf den »Drallewatsch« losziehen wollten, sie aber noch in der Wirtschaftsküche schuften musste, während wir schon abholbereit vor der Hintertür – wie Hund Hasso – auf der Lauer lagen. Endlich kam Lisa mit rotem Kopf angefegt, total »knülle«! Hatte aber trotzdem noch genügend Power und unseren verrückten Schlachtruf drauf: »Aljoscha, sattle die Karnickel, wir wollen in die Taiga hoppeln!« Na, so angefeuert kamen wir auf Touren und waren zu allen Schandtaten bereit. Nur ab nach Sibirien wollten wir auf keinen Fall!

Im Gänsemarsch steuerten wir dann wie die *Olsenbande* um die Eisfeldkurve und stürzten uns ins spannende Freizeitvergnügen.

Im Übrigen war Lisa die rasanteste Motorradfahrerin im Landkreis, mit Lederklamotten und pechschwarzem Haar unterm Sturzhelm. Immer modisch und fesch frisiert, da sie – wie Bruder und Onkel es schon vor ihr getan hatten – das Friseurhandwerk erlernte. So kam es, dass mein Haarschopf zum Haareschneiden weitergereicht wurde, denn Lisa war auch eine versierte Friseuse. Und für meine Mutter oft der Rettungsanker in der Not, wenn ihre Haare gefärbt werden mussten. In Neustädt gab es zwar ein Bäckerlädchen, einen »Konsum« und eine Kneipe, aber keinen offiziellen Frisiersalon. Heute gar nichts mehr von alledem!

Lisa konnte bei uns nur nach Feierabend tätig werden, da sie beruflich in Eisenach beschäftigt war. Den Weg dorthin oder nach Gerstungen scheute Mutti zeitweise fürchterlich, aber die paar Schritte bis gegenüber zu Lisa schaffte sie allemal. Selbst wenn es ihr gesundheitlich »obermies« ging. Kam sie dann mit ihrem schwarzen Lockenköpfchen ganz schick zurück, ging es ihr spürbar besser. Da war sie wie umgewandelt. Als hätte sie eine Sitzung beim Psychiater absolviert. An solchen Tagen ging es mir wie Gott in Frankreich. Mutti erlaubte mir fast alles.

Ach, wie gut, dass wir »unsere« Lisa hatten!

Karl der Kleine

Die Jüngste in unserem irren Trio war die zierliche Anita aus der Nachbarschaft, unser »Karl der Kleine«, die ich schon im Vorschulalter kennen gelernt hatte – als ein nervöser, zappliger Schreihals mit verschmierter Rotznase, die mich zur Weißglut brachte. ständig musste ich Anita erinnern: »Mensch, putz dir endlich deine Nase!« Keine Reaktion! Sie war immer anderweitig beschäftigt, weil sie einen »Fummeltick« hatte. Jedes Taschentuch wickelte sie zweckentfremdet um ihren Daumen, mit welchem sie dann ständig im Mund- und Nasenbereich zu Gange war. Darüber konnte ich nicht meckern, ich lutschte ja heimlich selbst noch am Daumen. Wenn aber Anita als Taschentuchersatz einen Hemdzipfel aus ihrem Schlüpfer herauszerrte und damit wie süchtig an ihrer verklebten Nase herumzitterte, verlor ich die Beherrschung. Zack! Da hatte ich ihr sachte eine geklebt. Kaum der Rede wert, aber die reichte, denn schon bei jeder Kleinigkeit begann ihre Nase zu bluten und sie fast zeitgleich ein Heulkonzert zum Davonlaufen: »Mama, Mama, das war ›Ernst-Elke!‹«

Welch ein Theater!

Ein solches gab es ebenfalls, wenn Anita, aus welchen Gründen auch immer, vor verschlossenem Elternhaus stand und schrie: »Blöde Mutt', blöde Mutt'!« und mit den Füßen oder ihrem Hinterteil an die Haustür trommelte. Da war sie nicht zu bändigen. Zum Glück verloren sich allmählich diese Allüren, denn weder ihre Eltern noch Brüder, die alle betroffen waren, hatten es verdient, beschimpft zu werden. Nicht einmal aus Spaß. Sie waren fleißige Arbeitsbienen und rannten von früh bis spät wie Wiesel durchs Leben, rackerten und schufteten bis zum Umfallen. Wir schätzten diese Nachbarsleute sehr. Und ich, der »Ernst«, mochte ja im Grunde meinen kleinen »Karl« von gegenüber auch von Herzen gern und wollte ihn auch nicht mehr missen – keinen Tag!

Im Schulalter haben wir unzählige fröhlich verrückte Stunden miteinander verbracht: Blumen und Flieder geklaut, im Wald umhergestromert, in Scheunen, auf Heuböden und in Dittmanns Pferdestall herumgekrochen und uns einige Male gestibitzte Bratwurst aus Anitas Speisekammer brüderlich geteilt. Dafür habe ich zum Beispiel ihre Matheaufgaben gemacht oder sie abschreiben lassen und herzzerreißende Liebesbriefchen für sie verfasst. Und später sogar ihre ersten dunkelblauen Knutschflecke am Hals auf mich genommen, damit der Haussegen nicht schief hing.

Wenn das keine echte Freundschaft war?

Kaputtgelacht

Meine beste Schulfreundin hieß Waltraud. Wir hingen wie Kletten zusammen, drückten gemeinsam seit der 1. Klasse die Schulbank und waren – auch was unser Aussehen betraf – ein tolles Gespann. Sie blond, blauäugig, 12 Zentimeter kleiner als ich, ängstlich, schüchtern und geplagt von ständig aufsteigender Schamröte. Ich brünett, braunäugig, groß, aufgeschlossen, selbstbewusst, kontaktfreudig und eine lebenslustige Plaudertasche.

Damit war vorprogrammiert, wer den Hut und die Hosen in unserer freundschaftlichen Beziehung auf- und anhatte und das Kommando übernehmen musste, wenn es brenzlig wurde. Dafür trug Waltraud eine »kluge« Brille wie »Frau Puppendoktor Pille« und eine viel, viel schönere Schulmappe auf dem Rücken als ich. Einen echten kognakfarbenen Lederranzen aus Siersburg bei Saarbrücken.

Wir beide, »Steinbock« und »Widder«, verstanden und ergänzten uns gut und zankten uns nie, trotz unserer »Hörner«. Und warum?

Hinterm Birkenbäumchen versteckt – typisch Waltraud! Da hatte ich aber Glück, dass sie ihr Gesicht in meine Kinderkamera gehalten hat. Offensichtlich für einen guten Zweck!

»Der Steinbock macht den Widder froh – und umgekehrt ist's ebenso!«

Wir waren faire Partner, aber auch ab und zu Kontrahenten. Besonders, wenn wir stundenlang Mühle und Dame spielten und richtige Turnierkämpfe bestritten. Wir wollten unbedingt den Sieger ermitteln. Nur kein Unentschieden! Ich muss nach 50-jähriger Bedenkzeit zugeben, dass Waltraud noch einen Hauch besser war als ich.

Liebend gerne klönten wir bis ultimo herum, immer unter dem Vorwand, für die Schule büffeln zu müssen, damit unsere Eltern nicht ausflippten. Und albern konnten wir erst sein! Es gab eine Phase, in der wir uns überhaupt nicht mehr unter Kontrolle hatten, zu den unpassendsten Gelegenheiten zu lachen begannen und nicht wieder damit aufhören konnten. Am häufigsten passierte uns das im Omnibus oder bei öffentlichen Anlässen, so dass Fremde den Kopf schüttelten und wahrscheinlich glaubten, wir wären bescheuert, durchgeknallt oder gar aus der Klapsmühle abgehauen. Es war aber auch immer ein anhaltender, beängstigender Zustand. Echt! Nicht einmal der liebe Gott schaffte es, uns von diesem Übel zu erlösen, obwohl Waltraud einen besseren Draht zu ihm hatte als ich. Sie war katholisch, hatte einen Rosenkranz und die heilige Kommunion empfangen. Konnte bei ihrem »Heiligen Vater« beichten, während ich mit meinen kleinen Sünden leben musste, von denen ich aber auch keine einzige bereue. Schon gar nicht diese: Es war im Handarbeitsunterricht, als wir, Waltraud und ich, wie die Bogenlampen in unserer Bank hingen und uns vor Lachen die Bäuche hielten. Warum? Es gab sogar einen Grund: Hinter vorgehaltenem Nähzeug hatten wir unsere »Frau Nadelöhr« bühnenreif nachgeäfft und auf den Künstlernamen »Duden« getauft, weil sie immer alles ganz genau wusste, kurz und prägnant interpretierte.

Gott möge uns die Anmaßung der kleinen Zeremonie verzeihen und unsere »Frau Duden« noch lange leben lassen.

Schneekönigin

Ende 1957, zu Beginn der 8. Klasse, wurden wir mit einer neuen Klassenlehrerin überrascht, die ich schon vorher gut kannte.

Unsere Bürgermeistertochter aus meiner geliebten Feldstraße, deren Mutter, Tante Marie, mir einmal meine Zipfelmütze voll knallroter Herzkirschen geschenkt hatte, sollte meine letzte Grundschullehrerin werden. Kaum zu fassen!

Sie war doch unsere Nachbarin, als wir noch bei Onkel Fritz wohnten, und nur zehn Jahre älter als wir Schüler.

Meine Schwester Gunda und sie hatten mich als Baby herumgeschleppt, als sie selbst noch Kinder waren. Fliegeralarm mit mir gespielt – und auch erlebt. Wir haben gemeinsam den Angriff der Amis im Bunker, der sich im Wald befand, überlebt. Sie auf dem Erdboden liegend, ich im Kinderwagen, an welchem haarscharf ein Granatsplitter vorbeigepfiffen sei, wie mir erzählt wurde.

Es fiel mir verdammt schwer, meine neue Lehrerin nicht wie früher mit ihrem Vornamen anzureden, sondern wie alle Mitschüler mit »Frau Salzmann«. Ich muss gestehen, dass ich immer versuchte, möglichst um eine direkte Anrede herumzukommen. Und auch keine Sonderprivilegien zu erhaschen. Ich denke, das ist uns gemeinsam gut gelungen, denn Frau Salzmann war eine sehr gute Pädagogin. Deshalb konnten wir, meine Schulfreundin Waltraud und ich, mit entsprechendem Fleiß eine sehr gute Abschlussprüfung ablegen.

In Dankbarkeit möchte ich das größte Verdienst unserer ehemaligen Lehrerin benennen.

Frau Salzmann hatte die grandiose Idee, mit uns das fantastische Märchenspiel *Die Schneekönigin* von Hans Christian Andersen einzustudieren und aufzuführen. Wir waren alle begeistert.

Sämtliche Schüler der 5. bis 8. Klassen wurden einbezogen und in wochenlangen Proben auf die Weihnachtspremiere vorbereitet, die auf der Bühne des Tanzsaales zu Neustädt stattfand und zu einem unvergesslichen Erlebnis wurde.

Seitdem sind mehr als vierzig Jahre verstrichen. Ich habe aber weder Handlung, Text, Musik noch Mitwirkende dieses bezaubernden Melodrams vergessen. Und das liegt nicht nur daran, dass ich im dritten Akt erstmalig meine Menstruation bekam und in eine peinliche Situation geriet.

Mir ist die wunderbar anrührende Geschichte der kleinen Gerda, die auf der Suche nach ihrem Spielgefährten Kai, der verwünscht und von der Schneekönigin verschleppt worden war, viele Abenteuer zu überwinden hatte, ihn am Ende aber fand und durch Liebe und Güte erlöste, mein Leben lang nicht aus dem Sinn gegangen.

Unsere Frau Salzmann hatte die Rollenverteilung so gut getroffen, dass jeder Mitspieler glauben musste, die Hauptrolle erwischt zu haben. Das zahlte sich natürlich aus und führte zu einem Riesenerfolg. Nicht zuletzt aber auch wegen der tollen Bühnenbilder, die Claus Bomm gestaltete, der Bruder unserer viel zu früh verstorbenen Mitschülerin Hannelore, und der perfekten Klavierbegleitung, die unsere Russischlehrerin Frau Eimer übernommen hatte. Es stimmte einfach alles.

Räuber, Räubermädchen, Krähen, das Königspaar, Schlitten fahrende Kinder und tanzende Schneeflöckchen gaben ihr Bestes, was ich auch von mir behaupten kann. Ich genoss meine Rolle als große Herausforderung. Auf der Bühne und vor Publikum bin ich bis heute in meinem Element und vergesse die Welt, weil es mir einfach Riesenfreude bereitet.

Im weißen Spitzenhochzeitskleid meiner Lehrerin durfte ich als Schneekönigin über die Bühne schweben. Verwandelte mit einem Stirnkuss das Herz des kleinen Kai (alias Karl Steiner) in einen Eisklumpen und war erleichtert, als es funktionierte. Es klappte nämlich in keiner Probe, weil sich unser elfjähriges Karlchen so sehr genierte und immer Sperenzchen machte, wenn die Kussszene an der Reihe war. Ansonsten spielte er hinreißend.

Ebenso wie auch die hübsche Christel Meng die Rolle der kleinen Gerda. Ausgesprochen brillant und beeindruckend sang sie ihr »Rosenlied« und das von den »roten Schuhen«, welche wir zusammen stundenlang an meinem Klavier einstudiert hatten.

Nur im Blumengarten der Hexe (Waltraud Manß) beteten wir förmlich, dass sie bei Stimme bleiben und sich nicht vor Kichern krümmen möge. Erleichtertes Aufatmen, als unterm bunten Strohhut der Hexe wirklich das ersehnte Schlafliedchen für Gerda fabelhaft ertönte.

Und das gefangene Rentier, welches traurig von seiner großen Sehnsucht nach den weiten Ebenen am Rand der Welt sang, konnte von unserem »Jesus« (Bernd Hofmann) mit gewaltiger Stimme nicht besser vorgetragen werden. Kein Wunder! Er ist Sänger geworden und heute am Meininger Theater tätig.

Danke, Neustädter und Sallmannshäuser Kinder! Ihr wart große Klasse! Ich werde euch nicht vergessen!

Da bebten alle Wände

Als meine Konfirmation (Muttis Wille) und Jugendweihe (Papas Wunsch) hinter mir lagen, redeten sich meine Eltern förmlich die Köpfe heiß, ob es nun besser wäre, die Tochter das Schneidern erlernen zu lassen oder sie auf die Oberschule zu schicken, wie es meine Lehrer rieten. Da war guter Rat teuer! So verbissen sah ich die Sache aber nicht. Es war ja noch viel Zeit. Ich war mir ziemlich sicher, dass im letzten Moment – wie immer – schon eine Entscheidung fallen würde und verdrängte das heitere Berufe-raten. Tröstlich war, dass es meiner Freundin Waltraud ebenso erging.

Wenn ich auf andere Gedanken kommen wollte, flüchtete ich runter in die »gute Stube«, weil dort mein Klavier stand. Meine Eltern hatten auch mir, nachdem meine Schwester Gunda mit ihrem kleinen schwarzen Piano ausgezogen war, ein gebrauch-tes, wohlklingendes Markenklavier geschenkt – unter größten Entbehrungen. Ich war überglücklich, denn ich hatte es mir sehnlichst gewünscht.

Wie meine Schwester nahm auch ich Klavierunterricht, in Gerstungen bei Frau Heusinger. Etwa vier Jahre. Ich liebte mein Klavier innigst und klimperte täglich wie besessen darauf herum. Nur nicht immer das, was ich hätte üben müssen. Ich spielte ohne Noten am liebsten – und auch am besten. Da konnte ich improvisieren und flottere Rhythmen in die Tasten hauen. Je nach Stimmung entlockte ich den Saiten die herrlichsten Melodien. Meistens begann ich mein Unterhaltungskonzert mit »Ganz Paris träumt von der Liebe«, »Eine Reise ins Glück« oder »Ich hab mein Herz in Hei-delberg verloren« und kam in träumerisches Schwärmen. Noch bei harmloser Laut-stärke! Mit Stimmungsliedern vom Rhein hingegen steigerte sie sich wie meine gute Laune, und ich geriet immer mehr in Schwung. Rhythmuswechsel!

Bei Glenn Millers »In the Mood«, meinem Lieblings-Swing-Klassiker, ging mein Temperament total mit mir durch, und ich tobte mich so richtig aus. Zur Besinnung kam ich erst, wenn Mutti fassungslos die Tür aufriss: »Bist du denn verrückt gewor-den? Das ganze Haus bringst du zum Beben!« Ehe ich antworten konnte, fuchtelte Papa schon hinter Muttis Rücken mit seinen Notenblättern herum und zwinkerte mir wohlwollend zu – wie immer, wenn er mich in Schutz nahm. Zum Dank beruhigte ich mich augenblicklich mit seinem Lieblingslied. Papa strahlte, als er die ersten Takte des Vorspiels vernahm, klopfte mir zufrieden von hinten auf die Schulter und sang dann aus voller Kehle mit mir, dass man es bis zum Dorfplatz hören konnte: »Alle Tage ist kein Sonntag«. Da war Mutti machtlos und sagte nur noch abwinkend im Gehen: »Ihr seid nicht mehr zu retten!«

Auf der Penne

Am 1. September 1958 waren die Würfel gefallen.

Im Frühnebel radelten wir mit gemischten Gefühlen die Strecke von 5 Kilometern durch die »Steinau« nach Gerstungen in die 9. Klasse der »Goethe«-Oberschule. Schulfreundin Waltraud auf neuem Damenrad, ich auf Papas altem, aufgemotzem »Herrenschlitten«.

Wir hatten uns entschieden und versprochen, gemeinsam die Wegstrecke bis zum Abitur zurückzulegen.

Kein Spaziergang, wie wir bald feststellten. Uns fiel auf, dass wir nur noch Könige unter Königen waren und mit schlechteren Karten spielen mussten als die Oberschüler, die Heimvorteil hatten. In den meisten umliegenden Nestern, wo wir »Auswärtigen« herka-

Goethe-Oberschule in Gerstungen

men, kannte doch niemand vorschriftsmäßige Chemie- oder Physikräume oder ordentliche Voraussetzungen für sportliche Wettkämpfe. Üblich waren primitive Provisorien. Wir Neustädter mussten zum Beispiel sämtliche Wettläufe im Sportunterricht gefährlich auf unserer knochenharten Autobahn austragen, weil wir von einer Aschenbahn nur träumten. Von großartigen chemischen oder physikalischen Versuchen auch keine Spur!

Trotzdem lief alles besser als gedacht. Wir gewöhnten uns schnell an die Eigenheiten unserer neuen Lehrer und Mitschüler sowie an ihre verrückten Spitznamen wie »Bacchus«, »Speck«, »Spinoza«, »Mostrich« und »Muck«.

Auch an die knusprigen Brötchen, die Bäckermeistertochter Gisela sehr oft mitbrachte. Und an die Aspirintabletten, die »Apotheken-Elke«, meine Namensvetterin, unserem Direktor B. gelegentlich zusteckte, damit der Geschichtsunterricht besser flutschte.

Mit Genugtuung denke ich an unseren »Minisportlehrer«, der nur 1,49 Meter groß war – kleinwüchsig wie Kaiser Napoleon – und immer stichelte, wenn ich mit meiner Größe von 1,72 m wie Riese Goliath vor ihm stand: »Zieh deine Gardinen aus dem

Fenster, damit du siehst, wohin du springst!«, bemerkte er spöttisch und spielte auf meine schulterlange Prachtmähne an, die mein ganzer Stolz war und natürlich beim Turnen oft ins Gesicht rutschte. Na, und!

Ebenfalls fiel ich bei ihm in Ungnade, weil ich häufiger als die anderen Mädchen auf der »Mens-Strafbank« sitzen musste. Als hätte ich »Trick 17« nötig gehabt. War ja nun wirklich kein sportlicher Tiefflieger. Mir passte es auch nicht, dass mich »Mutter Natur« laufend am Wickel hatte. Außerdem war Muttis Unterschriftsbestätigung im Vorzeigepflichtheftchen mindestens so glaubwürdig wie das Evangelium. Also bitte!

Die Ursache lag woanders. Fakt war, dass wir Bankhockerinnen ihm und seinen Ausführungen keine Aufmerksamkeit schenkten. Wir hatten dafür absolut keine Zeit. Mussten emsig für den Nachfolgeunterricht büffeln oder um die Wette Englisch abschreiben. Das fuchste ihn wahnsinnig und brachte ihn auf die Palme. Seine Devise hieß: Heimzahlen! Als ich mir am Schwebebalken beim seitlichen Scherensprung eine zünftige Schienbeinverletzung zugezogen hatte, die wochenlang nicht abheilte und mir große Schwierigkeiten machte, verarztete er mich mit einer feurigen Jodtinktur. Piesackte mich qualvoll und überschüttete mich mit zynischen Bemerkungen. Seine Schadenfreude gönnte ich ihm keine Sekunde. Biss auf meine stabilen »Chlorodont«-Beißer und verzog zu seinem Entsetzen keine Miene. Ich dachte nur: Du kleiner, giftiger Gartenzwerg! Da kannst du lange warten! Und hätte es ihm nach Widdermanier noch lieber direkt ins Gesicht gesagt.

Ob er je bemerkt hat, dass ich ihn absichtlich zu Boden riss und so für Gelächter auf seine Kosten sorgte, wenn ich mit Volldampf die Grätsche über den Kasten sprang?

Wohler ist mir, wenn ich an einige andere Pauker denke: Unser lieber Klassenlehrer, Monsieur Unkart, kam meistens in gepflegtem grünen Outfit und lässigem Schlendergang daher. Mit wippendem Zeigestöckchen und Faible für Kreidekrümel »en miniature« redete sich unser »Kathedenschleicher« den Mund fusselig, um uns die Differential-, Integral- und Vektorrechnung begreiflich zu machen. Es fuhren aber nur wenige Schüler darauf ab und ihre Antenne aus. Uns Mädchen kam alles andere, nur nicht die helle Erleuchtung. Wozu auch? Wir »Dämlichkeiten« ahnten alle, dass wir die »höhere Mathematik« nie wieder im Leben gebrauchen würden und hatten uns tatsächlich nicht geirrt.

Hoch lebe unser »Vektorschreck«!

Lustig haben wir uns über andere Experten gemacht: »Bio-Herzbub-Henne« war das Fauna- und Floraass unserer Penne. Hat es aber trotzdem nicht geschafft, aus unserem oft undisziplinierten Haufen biologische Wundertierchen zu züchten.

»Pinselopa J.« tanzten wir im Zeichenunterricht hemmungslos auf seinem eiförmigen Glatzkopf herum. In seinen Stunden ging es zeitweise wie in einer gemütlichen Strickstube zu. Eine Klassenkameradin soll es unter der Schulbank zu einem neuen Pullover gebracht haben. Ich dagegen habe frech Goethes Ehefrau, Christiane Vulpius, von einem Bild abgemalt und ihm ohne mit der Wimper zu zucken als Porträt meiner Cousine Gerlinde angedreht. Zur Belohnung bekam ich das Prädikat »sehr gut« und ein schlechtes Gewissen.

Im Unterricht von »Physikus Muck« dagegen zitterten wir wie Espenlaub wegen permanenter »Hochspannungsgefahr!«

Bei ihm knallten am häufigsten die Sicherungen durch und pfiffen uns die dicksten Vieren um die Ohren, die er zischend wie eine Giftschlange versprühte.

Unser »Zirkusdirektor B.« wiederum bevorzugte die »hohe Schule« geistiger Dressur, indem er uns mit Brechtzitaten auf die Sprünge helfen wollte: »Ihr seht nicht, ihr glotzt!«

Und nicht zu vergessen: »Maestro Musikus«, der sich mit fliegender Dirigentenmähne als Chorleiter austobte. Es machte mir Riesenspaß, im Schulchor mitzusingen.

Unserem Musiklehrer habe ich es zu verdanken, dass ich bei Chorauftritten die Ansage machen und sämtliche Rezitationen vortragen durfte. Die Auswahl der Brechtgedichte traf unser Direktor persönlich. Wenn er mir nach den Veranstaltungen zufrieden zunickte, konnte ich schon ein wenig stolz sein.

Jedenfalls spürte ich immer mehr, wozu ich mich berufen fühlte, wohin meine Neigungen tendierten.

Eins war sicher: Differential- und Vektorrechnung sowie chemische und physikalische Prozesse interessierten mich so wenig wie die Wasserstandsmeldungen. Mir war völlig schnuppe, was sich namhafte Naturwissenschaftler ausgetüftelt hatten. Aber mit Musik, Literatur und meiner Stimme würde ich bestimmt beruflich etwas anfangen können. Ganz bestimmt!

»Kommt Zeit, kommt Rat«, versicherte mir Mutti mehrfach. Und das tröstete mich ungemein.

Tanzstunde

Eines Tages wurden wir gefragt: »Wer möchte am Tanzstundenunterricht teilnehmen?«
Na klar, da wollte ich mitmachen, unbedingt! Meine Eltern gaben ihr Einverständnis, worüber ich mich sehr freute.

Es fanden sich auch genügend Bewerber, so dass ein Schülerkurs mit Tanzstundenlehrerin »Schorch« aus Eisenach gestartet werden konnte.

Im Clubhaus des Dachziegelwerkes Gerstungen lernten wir unsere ersten Tanzschritte und trampelten uns ordentlich die Füße blau. Nahm ich aber ohne Meckerei in Kauf für ein rosafarbenes Traumkleid aus Perlon zum Tanzstundenabschlussball, dem Höhepunkt unserer Tanzschule.

Mutti und Papa waren auch anwesend und blickten stolz – wie alle Eltern – auf ihren Sprössling. Als wir superschick wie Turniertänzer einmarschierten, alle Mädchen in rauschenden Ballkleidern und eleganten Spitzenhandschuhen, und sämtliche Standardtänze bis zum amerikanischen Boogie-Woogie aufs Parkett legten, staunten sie nicht schlecht. Es soll eine Augenweide gewesen sein.

Für mich war es ein wunderbares Vergnügen mit knapp siebzehn Lenzen, welches ich nie bereut habe.

Musik und Tanz – mein Leben!

Tanzstundenabschlussball:
Zweite Reihe, zweite von rechts, das bin ich.

Schreckschuss

An folgende Begebenheit erinnere ich mich nur ungern: Während Peter Kraus uns mit seinem Hit »Sugar, Sugar Baby« auf Touren brachte, die halbe Welt »King Elvis« zu Füßen lag, und sonntags die *Schlagerparade* von *Radio Luxemburg* bei vielen jungen Leuten in der DDR die beliebteste Unterhaltungssendung war, kam jemand auf die glorreiche Idee, uns Oberschülern mit einem unerwarteten Verbot die Laune zu vermiesen.

Unser Schuldirektor trat vor die Klasse und forderte uns unmissverständlich auf, keine »Westsender« mehr zu hören und keine »Westmusik« mehr in der Öffentlichkeit zu spielen.

Wir waren geschockt. Am meisten sicher unsere Mitschüler »Pietscher«, »Neherchen«, »Mackie Messer«, Ernst Keiderling und »Struppi«. Sie traf es besonders hart, da sie prima Trompete, Klarinette, Klavier und Schlagzeug spielten und voller Leidenschaft gemeinsam in einer Schülerkapelle »muggten«.

Wer erwischt würde, hieß es noch, könne von der Oberschule fliegen.

Das war vielleicht ein Schreckschuss – Anfang der sechziger Jahre.

Wir waren uns einig: Totaler Schwachsinn, dem sich wohl alle heimlich widersetzten.

Damit haben wir mit Sicherheit weder uns noch der DDR irgendwelchen Schaden zugefügt.

Da war etwas im Busch!

An einem »Produktionstag« – wir hatten einmal die Woche Unterricht in der sozialistischen Produktion – im Herbst 1960 gab es eine für uns unverständliche Programmänderung.

Alle Schulklassen mussten sich im Gerstunger Rübenfeld treffen. Was hatte denn das zu bedeuten?

In einem »Affenzahn« sollten wir alle Rüben herausziehen, obwohl die Rübenernte noch gar nicht begonnen hatte. Wer sollte das verstehen? Wir schüttelten ratlos die Köpfe und quälten uns durch die Blätter. Viele hatten kein richtiges Schuhwerk und unpassende Klamotten an. Wurden ja von dieser Blitzaktion total überrascht.

Wir fühlten uns angetrieben und jagten wie die Verrückten über den Acker, den Kanal gestrichen voll und eine Stinkwut im Bauch.

Eines war sicher: Da war etwas im Busch!

Als die ersten Baufahrzeuge angerollt kamen, wurde das Geheimnis gelüftet.

Wer hätte gedacht, dass es sich um ein Mammutprojekt, um einen Trassenbau handeln würde?

Der Regierungsbeschluss stand felsenfest und war unumstößlich.

Es wurde eine neue, ca. 20 Kilometer lange Zugstrecke für Personen- und Interzonenverkehr zwischen Gerstungen (neuer Interzonenkontrollpunkt, vorher Wartha) und Eisenach gebaut. Die Busverbindungen zwischen den Ortschaften Gerstungen und Eisenach sowie die alte Interzonenstrecke – Eisenach, Wartha, Wommen, Gerstungen – sollten wegfallen.

Unvorstellbar, was da auf uns zukam: Felssprengungen, Baumfällungen, Stein- und Erdmassentransporte, Brücken-, Straßen- und Gleisbau und noch andere »Annehmlichkeiten«. Es war die Hölle los im Werratal!

In der schlimmsten Bauphase war es uns »Grenzdörflern« kurzzeitig nicht mehr möglich, Gerstungen mit dem »Herwig«- oder »Sesemann«-Bus zu erreichen. Wie sollten nun die paar Oberschüler in ihre Schule kommen? Es blieb uns nichts anderes übrig, als täglich per pedes mit unseren schweren Schultaschen den beschwerlichen Hin- und Rückweg zu meistern. Im Dunkeln brachen wir auf, der Unterricht begann schon um 7 Uhr, und kämpften uns an der Baustelle durch den Schlamm. Blieben oft stecken oder rutschten aus und fielen in die Pampe. Wie schmerzten meine Füße in den engen geborgten »Knobelbechern«. Wir waren immer fix und fertig. Sicher wurden wir deshalb wegen unzumutbarer Strapazen im Gerstunger Internat untergebracht, was ich aber letztendlich noch schrecklicher fand. Wie im Arrest!

Daran musste ich unweigerlich denken, als wir 1962 nach dem Abi mit Klassenlehrer Unkart unsere Abschlussklassenfahrt machten und zum ersten Mal – noch mit gemischten Gefühlen – über die neue Trasse rollten. Unterwegs nach Schmiedefeld am

Crux zur dreiwöchigen »Tomatenkur«! Noch nie gehört? Ist sehr zu empfehlen, wenn man sich nicht mehr leisten kann! Spezialabmagerungskur! Margarineschnitten mit Tomaten, Tomaten und nochmals Tomaten!

Aus den Zugfenstern blickend schienen alle überwältigt gewesen zu sein, was da an Zeitgeschichte geschrieben worden war.

Abitur 1962: Lehrer und Schüler

Grenzerzeit

Am 13. August 1961 kam für die meisten DDR-Bürger eine knüppeldicke Überraschung, die in der Zeitung so bekannt gegeben wurde: »*Der Ministerrat der DDR setzt Maßnahmen zum Schutze des Friedens und der Staatsgrenze der DDR in Berlin in Kraft*«.

Im Volksmund hieß es aber: »Die Grenze wurde mit einer Mauer dichtgemacht«.

Der Kabarettist Bernd-Lutz Lange, Autor mehrerer Publikationen, beschreibt diese Maßnahme in seinem neuesten Buch »Mauer, Jeans und Prager Frühling« noch treffender: »Nach dem Bau der Mauer saßen wir in der Falle, ein ganzes Land hatte Stubenarrest bekommen.«

»*NVA, Kampfgruppen, Grenz- und Volkspolizei sowie Truppen der Sowjetarmee schafften es in kürzester Zeit, mit dem Bau des Antifaschistischen Schutzwalles, der BRD einen Riegel vorzuschieben*«, konnte man weiter in der Presse lesen. Und ich füge hinzu, »der 28 Jahre später durch eine friedliche Revolution wieder aufgeschoben wurde«.

Wer hätte das gedacht? Die Einheit Deutschlands? Unvorstellbar, wenn man wie ich an der Grenze aufgewachsen ist und hautnah miterlebte, was geschah.

Die Grenze verlief quasi hinterm Haus. Der »10-Meter-Streifen« wurde nach 1961 vermint und mit dicken Stacheldrahtzäunen umschlossen, so dass wir nicht mehr in unseren grünen Wald konnten, in welchem ich als Kind so viel erlebt und unzählige Töpfe voll Heidelbeeren gepflückt hatte. Vorbei waren auch die herrlichen Spaziergänge zur »Doppeltanne«, zum »Denkmal«, zum Kirschberg« und Sportplatz. Vorbei der schöne Weitblick von der Autobahnbrücke, die ich so mochte, ins Werratal und hinüber zum »Böller«. Nachts fuhr ich manchmal erschrocken im Bett hoch, weil es knallte, denn es kam vor, dass Wildtiere auf Minen sprangen, die dann explodierten.

Die Grenzwachposten wurden verstärkt und die gesamte Grenze strenger bewacht. Ich kannte die »Kickelsburg«, so nannten wir das Barackenlager der Grenzkompanie hoch oben auf der »Böllerspitze« des Sallmannshäuser Waldes. Auch einige Standorte der Grenzer und deren Ablösezeiten. Wusste genau, wann Dienstwechsel war, denn meine erste glücklich-unglückliche Verliebtheit galt einem hübschen, rassigen Grenzsoldaten.

Musste Gefreiter S. Streife laufen, kam er an unserem Haus vorbei. Dann riss mich sein mir gut bekannter Lockpfiff vom Küchenstuhl. Treppe runter, um die Ecke! Manchmal nur mit einem Pantoffel ankommend, weil ich den anderen in der Misthaufenkurve verloren hatte. Und dann…?

Mit der »Knarre« auf dem Rücken gab es nur ein verbotenes Küsschen hinterm Schweinestall, da es gegen die Dienstvorschrift verstieß, und ein Trostpflästerchen – seinen nächsten Ausgangstermin. Ende der Vorstellung! Ganz im Sinne meiner Frau Mama, die sich diebisch freute, wenn ich schnell zurückgespurtet kam, mich wieder hinter meine Schulbücher klemmte und nicht widersprach, wenn sie lakonisch bemerkte: »Dienst ist Dienst und Schnaps ist Schnaps, mein Kind!«

Mutter Erna sah es nämlich überhaupt nicht gerne, wenn mir Grenzer und Offiziere oder auch andere Männer den Hof machten.

Ich armes Luder musste – natürlich nur symbolisch – die Bürde eines Keuschheitsgürtels tragen, weil meine Schwester Gunda, die 18-jährig Mutter geworden war, »die Preise verdorben« hatte. Ich weiß, Mutti schwebte in tausend Ängsten, dass es mir ebenso erging wie ein paar anderen Schülerinnen, die schwanger wurden und deswegen von der Schule geflogen sind. Das war ihre ganze Sorge. Schade, dass sie sich damit unnötig belastete und mich am liebsten an der kurzen Leine hielt.

Deshalb war sie auch restlos bedient, wenn mich das schwarzhaarige Hildchen aus Sallmannshausen zum Kneipentreff abholte. Mutti reagierte stinksauer auf meine vier Jahre ältere »Kumpeline«, weil sie in ihr den Lockvogel sah und auch noch gehört hatte, dass sie eine »Grenzermatratze« sei. Mama in Weltuntergangsstimmung! Hier ging es nicht etwa nur um Leben und Tod. Hier ging es um mehr!

Schade, dass ich noch unerfahren war und keine Lippe zur Verteidigung riskieren konnte. Na ja, in der Disziplin »Küssen« war ich vielleicht schon »Meister Matz«, aber in der beliebtesten hatte ich keinen blassen Schimmer. Trotzdem wurde auch ich immer verkannt. Dabei hatte ich nur eine muntere Klappe, war lebenslustig und liebte Action, Musik und Tanz.

Deshalb zuckelte ich mit Hildchen so gerne in die Kneipe. Wohin sonst? Im Jugendheim war es zwar auch nicht übel, aber dort stand kein Klavier – und es gab auch nichts zum »Süffeln«. Im Übrigen hatte ich strikte Anweisung, um 22 Uhr zu Hause auf der Matte zu stehen. Also musste immer in kürzester Zeit etwas passieren. Nach einigen Bierchen kam Stimmung in die Bude. Hildchen hopste wie eine Brockenhexe mit einem Besen durch Leuchtenbergers Versammlungszimmer, wo wir uns am wohlsten fühlten, wenn »Remmidemmi« angesagt war, und heizte die Stimmung richtig an. Ich parodierte Paulchen Kuhn am Klavier. Sang und spielte, was das Zeug hielt: »Gehm' Se dem Mann am Klavier noch ein Bier, noch ein Bier!«, bis alle johlten und mitmachten.

Dann konnte es sogar passieren, dass wir total ausflippten. Verrückt und ausgelassen rüber in die Wirtschaft tigerten und kräftige Bauernburschen oder Grenzer unter den Tisch soffen. Wenn sich der an der Kneipenwand hängende trostreiche Spruch wie ein Karussell zu drehen begann, war bei mir definitiv »Sense«. Er lautete: »Wird einer jung vom Tod getroffen, so heißt's, er hat sich totgesoffen. Stirbt einer von den guten Alten, so heißt's, ihn hat der Suff erhalten.«

Ein Wunder war es wirklich nicht, dass ich die Flucht ergreifen musste. Mit neun doppelten Schnäpschen und Bier aus dem Stiefel im Bauch? Das war doch der blanke Wahnsinn! Aber wir hatten eine unvergessliche Bombenstimmung wie im Münchner Hofbräuhaus. Und am Folgetag? Übelsten Katzenjammer!

Am schlimmsten empfand ich die Nachwehen unseres fröhlichen Jugendlebens im Physik- und Chemieunterricht, den ich bei guter Verfassung schon stinklangweilig fand – wie wohl die meisten anderen Mitschüler auch.

Trägheitsgesetz! Periodensystem! Wenn ich das schon hörte. Ich hatte mit meiner eigenen Periode genug am Hals! Und erst die Nerven raubenden Fragen unserer Lehrer »Muck« und »Mostrich«?

Herr »Muck« in Hochform: »Wann ist Ihr Körper träge, Elke Bö.?«, hatte ich jedenfalls verstanden, obwohl die Frage anders lautete. »Wenn er müde ist«, versicherte ich ihm gelangweilt, kurz vorm Einschlafen. »Unverschämt, setzen, vier!«, schrie er wutentbrannt zurück. Und ich hätte schwören können, dass ich recht hatte.

Ausnahmezustand

Spätestens wenn Hildchen sich nach einer zünftigen Orgie bei mir meldete, dass auch sie vom »Tode« wieder auferstanden sei, wurden Denkzettel und gute Vorsätze in den Wind geschossen.

Wir durften um Gottes willen keine Tanzveranstaltung verpassen und das Erntedankfest, unsere berühmte Dorfkirmes, erst recht nicht.

Gesellige Ereignisse hatten nur einen erbärmlichen Haken: Bis 23 Uhr mussten alle Sallmannshäuser zu Hause sein. Das heißt, den Schlagbaumkontrollpunkt zwischen unseren Ortschaften passiert haben.

Wir Neustädter benötigten sogar einen Passierschein für den Nachbarort, weil dieser im 500-Meter-Sperrgebiet lag, während sich unser Kaff in der 5-Kilometer-Sperrzone befand. Wenn nun im größten Vergnügen der letzte Bus verpasst wurde, gab es kein Pardon! Wer sich noch in unserem Ort befand, kam nicht mehr in sein Bett, erst am anderen Morgen, obwohl unsere Dörfer nur ein knapper Kilometer trennte. Natürlich ist nicht von der Hand zu weisen, dass die meisten Grenzzwischenfälle immer dann passierten, wenn fröhlich gefeiert wurde und Alkohol im Spiel war. Trotzdem empfanden alle diese Verordnung als bitteren Wermutstropfen, keine Frage.

Mir ist in dieser Angelegenheit noch ein Erlebnis besonders gegenwärtig: Mein lebenslustiges Hildchen hatte auch einmal nach einer Fete den Anschluss nach Hause verpasst, so dass guter Rat teuer war. Meine Mutter meckerte schon, wenn ich später als erlaubt und mit einer »Fahne« angeschlichen kam, geschweige noch mit Anhang. Da standen wir angesäuselt, wie arme Sünder, vor meiner Haustür, und der Schlüssel steckte auch noch von innen. Aus Versehen? Nie im Leben. Mit voller Absicht und als Erziehungsmethode!

Da hatte ich nun tagelang trainiert, die richtige Spur in unserer Küche zu erwischen, um im Dunkeln in mein Zimmer zu gelangen und Mutti nicht mit Dielenquietschen aufzuwecken. Denkste Puppe! Alles für die Katz! Mutter Erna hatte vorgesorgt und lag wie der *Hund von Baskerville* auf der Lauer.

Egal, Hildchen musste trotzdem mit ins Haus geschleust werden. Da kam uns die fixe Idee, durch die schräge Kellerluke einzusteigen, wo gewöhnlich Rüben und Kartoffeln nach unten befördert wurden. Eine Wahnsinnsidee!

Ich schwitze heute noch, wenn ich daran denke, wie ich in dem engen dunklen Schacht hing und nach Luft schnappte, während Hildchen, die sich mit Ach und Krach schon durchgezwängt und dabei schwer gelitten hatte, von unten wie eine Verrückte an meinen Beinen zog. Wir hatten uns gewaltig verschätzt. In dieser Nacht musste eine komplette Schutzengelbrigade im Einsatz gewesen sein, die uns gerettet und vor einem Unglück bewahrt hat.

Mit meiner ängstlichen Freundin Waltraud wäre das sicher nicht passiert. Sie hatte leider unsere Oberschule und mich verlassen. Nach der 10. Klasse – trotz guten Leistungsstandes – aus persönlichen Gründen das Handtuch geschmissen und in der Finanzwirtschaft ihren erfolgreichen Weg gemacht. Deshalb musste ich bedauerlicherweise im Alleingang mit den übrig gebliebenen siebzehn von ursprünglich achtundzwanzig Pennälern das Abitur absolvieren. Schade! Ich habe sie sehr vermisst.

Das Wort zum Sonntag

Nach bestandener Reifeprüfung ging der Zirkus mit der Berufswahl von vorne los.

Welche Studienrichtung sollte ich einschlagen? Nach der Schulreform konnte zwar jeder sofort Pädagogik studieren, was ich aber nicht unbedingt wollte. Für alle anderen Studienplätze wurde ein Berufsabschluss gewünscht, um immatrikuliert zu werden.

So kam es, dass ich mich für den Buchhändlerberuf entschied und in der Volksbuchhandlung Eisenach eine Lehre begann, was ich im Nachhinein auch nicht bereute. War ich doch noch in den Spuren meiner Wünsche und Neigungen.

Kurz zuvor hatte ich mit Hilfe eines prominenten Fürsprechers den Intendanten des Eisenacher Landestheaters, F. Berg, aufsuchen können. Bei ihm wollte ich vorsprechen und einen Eignungstest machen, weil es mein brennender Wunschtraum war, Schauspielerin, Sprecherin oder Sängerin zu werden.

Wegen meiner Größe und Figur wurde Kindertheater erst gar nicht in Erwägung gezogen.

Als ich mit den zu lernenden anspruchsvollen Rollen nach Hause kam, mich euphorisch als »Spelunken-Jenny« aus der *Dreigroschenoper* vorstellte, hurenhaft ordinär und täschchenschlenkernd umherstolzierte – immer um unseren Küchentisch herum – war Mutti ihrem seligen Ende verdammt nahe. Ich selten dämliches Kamel! Ihr solch einen Schrecken zu verpassen. Warum bin ich nicht als *Mutter Courage* in die Schlacht marschiert? Vielleicht wäre ich mit »Guten Morgen, Herr Feldwebel!« besser gefahren. Wer weiß?

Ich hatte es geahnt, dass meine Mutter mir mein Vorhaben sowieso entschieden, hartnäckig und unbarmherzig ausreden würde – was auch geschah.

Mutter Ernas Kommentar konnte ich bereits singen: »Schauspieler sind Wandervögel. Heute hier und morgen dort. Nachtschwärmer! Schmetterlinge! Das Zigeunerleben ist doch nichts für dich. Mit deiner starken Regel? Das wird doch nichts!«

Mir dröhnten immer die Ohren. Aber ihr letztes Argument mit der »Mens« war zutreffend und machte mir auch Kopfschmerzen. Ich hatte wirklich außerordentliche Probleme damit, die Ursache war noch nicht bekannt, und auch die Befürchtung, dass mir dieses Handikap zum Verhängnis werden könnte – immer ausgerüstet mit Hygieneverpackungsmaterialien im Schlepptau, beutelweise! Nach einigen schlaflosen Nächten gab ich mich traurig geschlagen. Bühne ade!

Bücherwurm im Wartburgstädtchen

Trotz anfänglicher Unzufriedenheit wegen meiner Berufswahl habe ich zwei wunderbare Lehrjahre in der »Volksbuchhandlung Eisenach« verbracht. In einem Superkollektiv, dessen Leiter mein Cousin Rudi Popp war.

Mit ihm fuhr ich täglich im Bummelzug über die neue Trasse in unsere Wartburgstadt. Unterwegs verputzte ich meistens schon mein Frühstück. Andere schliefen oder strickten bis zur Passkontrolle. Nach 1961 hatten wir einen Sperrzonenstempel im Personalausweis, ohne den niemand ein- und ausreisen durfte. Besucher hingegen, die woanders polizeilich gemeldet waren, mussten sich von den Angehörigen einen Passierschein beantragen las-

Volksbuchhandlung Eisenach

sen, der entweder nach ca. vier Wochen genehmigt oder abgelehnt wurde. Fremde hatten überhaupt keine Chance. Spontane Reisen von heute auf morgen waren undenkbar. Ausnahmen gab es nur in Ernstfällen, aber auch dann nicht im Handumdrehen, sondern mit ärztlicher Beglaubigung und großem bürokratischen Aufwand.

Vor Überraschungsbesuchen von auswärtigen Verwandten und Bekannten konnten sich die Grenzbewohner immer sicher sein! Als vorteilhaft wurde auch empfunden, dass es einen Sperrzonenzuschlag gab, der etwa die üblichen Lohnabzüge eines Monatsverdienstes ausglich. Trotzdem wiegten die Nachteile schwerer. Wir gewöhnten uns mit der Zeit an alle Maßnahmen – wie Hühner an ihre Legebatterien, Rinder an den Offenstall oder Kühe an die elektrische Milchanlage – und funktionierten in diesem engen Korsett. Als wäre es normal. Blieb uns eine andere Wahl?

Probleme gab es, wenn man wirklich einmal den Ausweis vergessen hatte. Da hieß es unter Garantie: »Zurück!« Zum Glück ist es mir nur einmal passiert. Gendarm Mutti rief mir jeden Tag hinterher: »Haste deinen Ausweis auch nicht vergessen!«

Eher war es möglich, dass ich mit Hausschuhen an der Haltestelle angehastet kam und Bus und Gerstunger Anschlusszug verpassen musste. Der Zubringerkraftverkehr hatte seine Abfahrtszeiten schon einzuhalten und konnte nicht ständig auf Nachzügler wie »Erchen«, Rudi S. und mich warten. Immer auf dieselben!

Toupierte Haarmode um 1962:
Hoch, höher, am höchsten!

Mit der Pünktlichkeit stand ich nämlich in meiner Jugend total auf Kriegsfuß. Ich hatte immer »Fitz« mit meinen Haaren. Modebewusst toupierte ich sie bis zur Verzweiflung hoch und kam erst aus der Hüfte, wenn ein Haar wie das andere lag. Damit konnte ich auf mich Wartende zuverlässig zur Raserei bringen, die deshalb mein »Kunstwerk« wütend kritisierten und wetterten: »Ballonfrisur! So viel Geschisse mit den Loden!« Neustädter Umgangssprache! Hat mich überhaupt nicht erschüttert, denn ich gefiel mir mit meiner Frisur, obgleich ich sie unpraktisch fand. Konnte mich aber so gut wie meine Eisenacher Friseuse kämmen, die immerhin Kreismeisterin war. Lag wohl im Blut, denn mein Onkel Willy war ein angesehener Barbiermeister in Ifta. Jedenfalls war ein gepflegtes Äußeres kein Nachteil für meine »Öffentlichkeitsarbeit«. Ich war achtzehn Jahre, als ich in die Volksbuchhandlung kam, und begeistert von allem Neuen. Der intensive Büchergeruch hat mir besonders imponiert. Auch mein erstes Lehrlingsentgelt von achtzig Mark, wofür ich mir einen flotten »Knirps«-Regenschirm leistete. Irgendwie fühlte ich mich erwachsener als in der Schulbank – und pudelwohl.

Ich habe von der Pike auf alles gelernt, was damals eine gute Buchhändlerin können musste. Die Palette der praktischen Grundausbildung war sehr breit gefächert. Habe im späteren Berufsleben – in leitenden Positionen – oft daran denken müssen, dass auch ich einmal Prospekte stempeln und riesige Bücher-Postpakete schnüren musste. Selbst vorm Tragen schwerster Austellungsbücherkisten fürchtete ich mich nicht, so dass ich mich im Kollegenkreis großer Beliebtheit erfreuen konnte. Es machte mir Spaß, mit netten, erfahrenen Kolleginnen und Kollegen zusammenzuarbeiten. Ich denke noch gerne an die fleißigen und humorvollen Frauen: Schweinsberg, Thieme, »Lehmännchen«, Roth, Romming, Geißler, Sailer, »Baumi« und »Günzeline«. An meine Altersgruppe: Bendix, »Lackmutz« und Nowatzki. Und auch an die gestandenen »Herrlichkeiten«: Möller, Stahl und Peter.

Und nicht zu vergessen: Unser Sonderexemplar, die überspannte, theatralische »Beckerine«, die immer mit grandiosen Ausreden zu spät kam, schwärmend auf ihren Seemann wartete und ständig trällerte: »Ein Schiff wird kommen.«

Besonders hervorheben muss ich unseren stellvertretenden Buchhandlungsleiter, Kollege »Mö«, bestes Pferd im Stall, Buchhändler bis auf die Knochen, während unser Leiter der perfekte Buchhalter war. »Mö« hat uns Lehrlingen gezeigt, worauf es ankam, wenn es uns auch nicht immer einleuchten wollte! Ich denke dabei an die gehasste Disziplin Staubwischen! Ihm habe ich es zu verdanken, dass ich eine optimale Händlerseele geworden bin. Er hat mich zu Buchverkaufsausstellungen mitgeschleppt und vorgeführt, wie Buchumsatz gemacht wird und noch vieles andere mehr.

Was waren wir doch für ein tolles Team in Freud und Leid. Es gab immer etwas zu Feiern, und« wenn es die größte Inventurdifferenz aller Zeiten war.

Wir hatten die »Tiefenprüfer« aus der Bezirksleitung in der »Vobu« und wussten nicht, was möglicherweise aufgedeckt werden könnte. Fast alle hielten den Atem an in unserer sogenannten »Parteibuchhandlung« und saßen wie auf einem Pulverfass. Bis feststand, dass sich keiner im Kollegenkreis der Unterschlagung schuldig gemacht hatte. Niemand schlimmstenfalls in den Knast musste. Dieses Resultat wurde natürlich zünftig begossen: Hoch die Tassen! Karamba, olé!

Wir hatten alle durch die Bank viel zu tief ins Glas geschaut. Meinen Chef Rudi und mich traf es aber am härtesten. Wir konnten unmöglich zu verschiedenen Zeiten zu Hause aufkreuzen, weil wir unseren Angehörigen wieder eine Versammlung oder Literaturveranstaltung untergejubelt hatten. Deshalb mussten wir beide bis zum Schluss und dem letzten Zug durchhalten.

Kurz nach Verlassen unserer Buchhandlung, die sich in der Karlstraße befand, machten die meisten noch eine gute Figur. Nur der lange, hagere Tiefenprüfer aus Erfurt glich einem Nachtgespenst und verkrümelte sich – sternhagelblau, weil wir ihn tüchtig »eingeseift« hatten.

Unser Chef stürmte mit Vollgas voran, seine ausgelassene Meute wie eine wilde Schafherde ihm folgend. Unterm Nikolaitor kamen wir aus dem Tritt, denn unser Leithammel verschwand in der »Klause«. Alle Mann natürlich hinterher. Schlimm, wenn der Durst nicht nachlässt! Dort versackten wir noch tiefer.

Irgendwie erreichten wir – blau wie der viel besungene Enzian – vor Mitternacht mit Müh' und Not und im Zickzackschritt den Hauptbahnhof. Preschten torkelnd die Bahnsteigtreppe hoch, um den letzten Zug nicht zu verpassen, und lümmelten uns k.o. ins erstbeste Zugabteil.

Trillerpfeife! Abfahrt!

»Verdammt! – Mensch, Rudi, wir sind im verkehrten Zug«, stellte ich erschrocken fest, als wir langsam in die entgegengesetzte Richtung anfuhren. »Los, Tempo, Tempo, wir müssen raus«, schrie ich ihn energisch während meiner verzweifelten »Wiederbelebungsversuche« an, weil er bereits selig in der Fensterecke hing und schnarchte. Keine Regung. »Aufwachen! Aufwachen!« Immer noch keine Zuckung. Letzter Schreiversuch: »Polizei! Ausweiskontrolle!« – Zack! Da war er wieder am Leben. Ich schnappte ihn am Ärmel, zerrte ihn wankend hinter mir her und feuerte ihn panikartig an: »Dalli, raus, raus, raus!« Waghalsig sprang ich zuerst, dank Mut machender Promille im Blut, und landete »weich«. Danach kam eine Aktentasche durch die Luft gesegelt und hinterher geflogen – wie *Artur der Engel* – mein Chef. Mit Karacho genau vor das Rote-Kreuz-Büdchen am Ende des Bahnsteiges. Oh Gott!

Dem Himmel sei Dank, dass wir mit schmerzenden Prellungen, ordentlichem Schrecken und ausgewachsenem Kater davongekommen sind.

Unsere ängstlichen Mütter durften natürlich unsere irren Kapriolen nicht erfahren, bevor Gras darüber gewachsen war. Sie hätten sich gegenseitig verrückt gemacht. Immerhin war mein Cousin schon verheiratet und hatte Kinder. Da wäre seine besorgte Ehefrau Eva auch noch angesteckt worden und aus dem Häuschen geraten. Deshalb hielten wir lieber dicht und ersparten uns manchen Ärger und ausschweifende Moralpredigten.

Auswertungen aller »Terze« fanden deshalb zur Frühstückspause in der Buchhandlung oder in der Helenenstraße bei meiner Schwester Gunda statt, die inzwischen dorthin gezogen war.

Wir trafen uns fast täglich in der Mittagspause zum Rapport bei ihr. Zwischen 13 und 15 Uhr, weil meine Schwester die gleiche Tischzeit wie ich hatte, da sie als Verkäuferin tätig war. Ihre schwarze Pudelhündin »Lore« lag schon auf der Lauer, bellte und vollführte vor Freude förmlich ein Veitstänzchen, wenn wir angejapst kamen. Es musste immer im Schnellzugtempo gehen. Wir gönnten uns nämlich ein warmes Essen. Meistens kamen Paprikaschoten mit Speck in die Pfanne und auf den Küchentisch – billig und lecker – und zum Nachtisch unsere Tageserlebnisse und Alltagsprobleme. Mal lachten wir uns kaputt, mal flennten wir um die Wette und hatten immer Mühe, pünktlich zur Arbeit zurückzufinden. Auf den letzten Drücker sausten wir wie arme Irre im Schweinsgalopp durch die Alexanderstraße. Meine Schwester nach rechts ins Textillädchen »Hoberock«, ich nach links in Richtung Karlstraße.

Wenn ich die Hintertür unserer Buchhandlung passiert hatte, freute sich schon unser ältester Kollege – Genosse P. – auf mich, der immer noch herumkramte, obwohl er schon längst Feierabend hatte. Es war auffallend, dass er mit mir etwas im Schilde führte. Richtig! Eines Tages hatten wir keine Zuhörer und die Gunst der Stunde war für ihn gekommen: »Du bist ein Arbeiterkind, ehrlich, selbst- und verantwortungsbewusst usw. usw. Wir brauchen junge Menschen wie dich. Willste nicht in unsere Partei eintreten? Denk mal drüber nach«.

Eine Weile war Funkstille. Weil ich mich nicht rührte, kamen einige Erinnerungssätze. Er ließ nicht locker, bis es mich nervte.

Einverstanden: Ein Außenseiter oder Staatsgegner war ich freilich nicht. Dazu war ich nicht erzogen worden. Ich war ein stolzer Pionier, im Gruppen- und Freundschaftsrat, weil daran die besten Schüler kaum vorbeikamen. Trug mein Halstuch, wenn es darauf ankam, immer ordentlich gebunden und gebügelt. Auch in der FDJ war ich – wie die meisten – und habe mich nicht gedrückt, wenn Aktivitäten gefordert wurden. Aber mit neunzehn Jahren in die SED eintreten, das schmeckte mir nicht, das fand ich verfrüht – wenn überhaupt. Und doch hat es der alte »Kampfwolf« P. geschafft, mich zu gewinnen.

Anfangs war ich als Kandidatin mit fünzig Pfennig dabei. Später mit rotem »Sparbuch« bis zum Umbruch. Aber nie als Mitläufer. Erst recht nicht wegen eventueller

Vorteile, die ich nie hatte, sondern mit ehrlichen, humanen Absichten. Untätigkeit und ständiges Meckern brachten doch auch keine Lösung von Problemen. Handeln! Bessermachen! Das wollte ich mit jugendlichem Elan und meiner Power.

Meistens war ich eine unbequeme Zeitgenossin, weil ich mir mit meinem ausgeprägten Gerechtigkeitsfimmel immer Luft machte und auf die Barrikaden ging, wenn Unrecht geschah und ich anderer Meinung war.

Ich bin froh darüber, heute kein schlechtes Gewissen haben zu müssen.

»Bommelmützchen«

In meine Eisenacher Lehrzeit fiel eine bemerkenswerte Romanze, die nicht unerwähnt bleiben soll.

In unsere Volksbuchhandlung kamen nicht nur gelegentlich namhafte Schauspieler des Landestheaters wie Volkmar Kleinert und Martin Trettau, sondern auch mein ehrgeiziges »Bommelmützchen«, späterer Musikprofessor der Musikhochschule in W.

Wir hatten uns im Zug von Erfurt nach Eisenach kennen gelernt, als ich von einer Schulung kam.

Ein Student, dachte ich, als ich ihn mit einer Geige im Arm so schüchtern vor der Abteiltür herumstehen sah. Vielleicht Musiker? In Eisenach würde ich es garantiert wissen.

Er trug eine weiße Strickmütze mit Bommel, die ihm später von meinen wachsamen Kolleginnen den originellen Spitznamen »Bommelmützchen« einbrachte. Darunter verbarg sich ein kurzer Igelschnitt, der sicher praktisch und pflegeleicht sein mochte, mich aber schrecklich störte. Raspelkurze Haare sind nun mal nicht mein Geschmack! Trotzdem kamen wir wegen seiner Bassgeige ins Gespräch, die mich reizte, und diskutierten angeregt bis zum Aussteigen über Musik. Auch über den aktuellen Schlagertitel »Schwarzer Kater Stanislaus«, der sich auf seinem Instrument besonders gut spielen ließ. So fing es an mit unserer Liebelei.

Herrgott! Ich konnte doch nicht ahnen, dass es mein Musikstudent so tierisch ernst nehmen würde. Mich auf seinem Motorroller zum Zelten mitschleppen und mich am liebsten vom Fleck weg heiraten wollte. Mit meinen neunzehn Lenzen? Da geriet ich ernstlich in Bedrängnis und bekam panische Angst. Bisher hatte ich allen Versuchungen mit meinem bewährten Abwehrgriff siegreich standgehalten, wenn es brenzlig wurde. Sollte ich jetzt aufgeben, wo ich langsam stolz darauf wurde, noch unschuldig zu sein? Das wäre doch gelacht! Nun gerade nicht! Wie man sich doch täuschen kann. Ihr lieben Lästermäulchen von anno dazumal!

Selbst mein Schwager Horst hat mich lebenslustige Motte falsch eingeschätzt. Sich wie ein Laubfrosch aufgeblasen, als ich sechzehnjährig von einer Kirmes mit einem Eierlikörfleck auf meinem olivfarbenen Sackkleid nach Hause kam. Mutti unnötig verrückt gemacht und ihr Nervenkostüm vergeblich strapaziert. Schwagerherz, da hast du tüchtig danebengeschossen und mich tief verletzt. Das musste einmal gesagt werden! Doch zurück zu meinem »Bommelmützchen«.

Alle merkten in der Volksbuchhandlung, dass ich kniff, wenn mein Freund auftauchte, und erfanden für mich Ausreden, welche die Sache nur noch komplizierten. Er ließ sich nicht so einfach abwimmeln. Ich konnte es nicht mehr hören, wenn man mir spöttisch meldete: »Bommelmützchen ist schon wieder im Anmarsch!«

Es tat mir Leid, weil er es gut mit mir meinte, mir sogar Buchbesprechungen ausarbeitete, um Freizeit für uns herauszuschinden. Auch unzählige Briefe schrieb, mich im

Krankenhaus besuchte und sinnvolle Aufmerksamkeiten schenkte, die ich natürlich dankend erwiderte.

Meine Mutter und Schwester Gunda waren sich einig und Feuer und Flamme für ihn. Redeten mir gut zu und richtiggehend ins Gewissen. Da war es gänzlich aus und vorbei. Ich konnte mich nicht entscheiden, trotz gleicher Musikinteressen. Schade oder Gott sei Dank? Die Antwort gab das Leben.

Stiervertreter »Bommelmützchen« hatte irgendwann den Eiertanz mit Widderböckchen satt und heiratete fluchtartig – nach meinem Empfinden – eine andere. Und wenn sie nicht gestorben sind, leben sie heute noch!

König Drosselbart

Am Ende meiner Eisenacher Buchhändlerzeit hatte ich ein märchenhaftes Rendez-vous, welches ich nie vergessen werde.

An einem wunderschönen Sommertag traf ich mich auf der Wartburg mit einem ehemaligen Schulkameraden, der – bevor er mit dem Studium beginnen konnte – gerade seinen Wehrdienst ableistete und nur Kurzurlaub hatte.

Schon zwölfjährig war ich ein bisschen in ihn verknallt gewesen, was er aber leider nicht bemerkte. Da er vor mir in der Schulbank saß, gab ich mir die größte Mühe, mit dem Bleistift die Maschen auf dem Rückenteil seines handgestrickten Schafwollpullovers zu zählen, insgeheim auf eine Regung hoffend. Doch nix, absolut nix! Holzklotz! Mit dem war kein Blumentopf zu gewinnen.

Inzwischen erwachsen geworden, wollte es das Schicksal, dass wir uns wieder über den Weg liefen.

Auf dem Freisitzgelände des Burghofes saß mir nun dieser »Spätzünder« gegenüber, und es war köstlich, mit ihm in unseren Kindheitserinnerungen zu schwelgen. Wie im Fluge verstrich beim Plaudern die Zeit, so dass wir allmählich ans Aufbrechen denken mussten. Ich wurde ja daheim fieberhaft von Frau Mama erwartet. In der Abenddämmerung spazierten wir langsam bergabwärts durch den duftenden Wartburgwald, hinein in eine herrlich laue Sommernacht. Romantischer konnte es wirklich nicht sein.

Plötzlich raschelte es im Gebüsch. Ein entsetzlich lautes Grunzen folgte und kam immer näher, so dass wir nicht schlecht erschraken. Meine Befürchtung: womöglich Keiler, Bachen und Gefolge? Hilfe! Wildschweine! Vielleicht angriffslustig und zum Nahkampf bereit? Um Himmels willen!

Ich bekam einen »Mordsschiss«. Wir flüchteten in eine dunkle Bretterbude, die uns wie gerufen kam. In dieser jämmerlichen, winzigen Hütte, die mich an König Drosselbarts armseliges Waldhäuschen erinnerte, verschanzten wir uns und hatten aufregende Stunden bis in den taufrischen, hellen Morgen. Meine erste Nacht, die ich unentschuldigt zu Hause fehlte!

Schrecken meiner Wildschweinnacht

116

Ich weiß nicht mehr, ob ich vor Angst, herankriechender Kühle oder Glück gebibbert habe. Möglicherweise aus allen drei Gründen – in der Uniformjacke und den Armen meines tollkühnen Beschützers. Weiß der Kuckuck, warum wir uns aus den Augen verloren haben, nach diesem abenteuerlichen Tete-a-tete!

Immerhin bedauerte ich es schon manches Mal, was sonst selten meine Art: »Ach, hätt ich genommen den König Drosselbart!«

PS: Im Jahr 2002 erreichte mich aus dem Thüringer Märchenwald nach 40 Jahren eine aufschlussreiche Mail – vom verehrten »König« persönlich: »Konnte zum Klassentreffen leider nicht kommen. War damals ziemlich enttäuscht, als du so sang- und klanglos nach Leipzig, ohne eine Adresse zu hinterlassen, verschwunden warst. Habe dir noch nach Hause geschrieben, doch keine Antwort.«

Da war ich sprachlos.

Inzwischen verdaut bleibt mir nur die Vermutung, dass meine Post und mein mögliches Lebensglück durch Mutter Ernas Schornstein gesaust sind. Schicksalsmelodie!

Deutschlandtreffen der Jugend

Bei der Betrachtung meiner aussagekräftigen Fotos aus dem Wonnemonat Mai 1964 entschloss ich mich, auch darüber ein paar Erinnerungssätze zu verlieren, was eigentlich nicht unbedingt meine Absicht war.

Ich gehörte zu den Auserwählten unserer FDJ-Gruppe der »Volksbuchhandlung Eisenach«, die zum Deutschlandtreffen der Jugend mit nach Berlin fahren durften.

Wochenlang vorher wurden wir straff geschult, damit wir auch auf alle eventuellen politischen Fragen der westdeutschen Teilnehmer hieb- und stichfeste Antworten parat hatten. Irrtum vom Amt – wie sich bald herausstellte.

Im Güterzug rollten wir nachts in Richtung Hauptstadt. Diesen ungewöhnlichen Massentransport werde ich auch nie vergessen. Die primitive Beförderung hat uns weniger gestört. Wir waren jung und abenteuerlustig. Doch mein größtes Problem: Der Zug hatte keine Toiletten an Bord. Wir mussten aushalten bis irgendwo auf der Strecke protokollmäßig angehalten wurde. Das war was für mich! Vor lauter Angst muckerte schon kurz nach der Abfahrt meine nervöse Blase, was ich befürchtet hatte, denn ich war bereits vorbelastet. Deshalb wäre ich am liebsten schon von vornherein nicht mitgefahren. Was nun?

Wir Mädchen kampierten in der »gehobenen Klasse«, die man links- und rechtsseitig in den Waggons aufgestockt hatte. Also im oberen Bereich wie in einer Maisonette. Das machte meine Befindlichkeit sogar noch prekärer. Ich betete förmlich, dass die Truppe unter mir keinen Regenschirm aufspannen müsste. Meine Notdurftpanik wurde zunehmend bedenklicher. Eine Zeitbombe schien in meinem Bauch zu ticken, als ich hörte, dass einige Jugendfreunde, die es ebenfalls nicht mehr aushalten konnten, die Waggontür einen Spalt aufgezogen und sich während der Fahrt erleichtert hätten.

Die waren mehr als nur beneidenswert mit ihrem »kleenen Stückchen Glück«! Wie fluchte ich wieder insgeheim über meine nachteilige Weiblichkeit.

Als der Zug endlich anhielt, stürzten alle wie eine wild gewordene Herde von Tieren hinaus. Ich schien gerettet und fühlte mich wie unter rauschenden Palmen am Meer. Hockte genau unter den zusammengekoppelten Güterwagen, weil ich es weiter nicht mehr geschafft hatte. Einige waren sogar bis auf die andere Zugseite ausgeschwärmt. Viel Zeit stand nicht zur Verfügung, und ich wurde und wurde nicht fertig. Plötzlich rief man schon zur Weiterfahrt. Ich Dussel schoss erschrocken hoch und vergaß dabei die gefährlichen Puffer über mir. Gong! Und augenblicklich waren auch sämtliche Schulungsargumente wie weggeblasen, denn ich lag benommen flach. Nur langsam rappelte ich mich hoch, während durcheinander schreiende Stimmen riefen: «Schnell, schnell, schnell! Einsteigen!« Ich war natürlich einsames Schlusslicht, aber froh, dass ich wieder bei mir und nicht auf der Strecke geblieben war.

Übernächtigt, mit schmerzendem Brummschädel und Versorgungsbeutelchen kam ich in meinem zugewiesenen Privatquartier an. Ich wohnte am Frankfurter Tor bei netten Leuten und konnte mich vollständig regenerieren. Beim Kämmen jaulte ich wie ein junger Hund. Mir war vielleicht ein Horn gewachsen, welches ich mit einer Haarsträhne bis zum Auge kaschieren musste (Siehe Foto!).

Ich genoss dennoch drei schöne, erlebnisreiche Tage mit vielen Musikveranstaltungen. Ich glaube, Frank Schöbel noch im »Erich-Weinert«-Ensemble gehört und gesehen zu haben. Das kulturelle Angebot war grandios. Überall Bühnen und buntes Treiben bei herrlichem Wetter und immer

Mit meiner FDJ-Delegation aus Eisenach im »offenen Gespräch über politische Grundfragen«!

bis »in die Puppen«. Mit abschließendem Fackelumzug und beeindruckendem Feuerwerk.

Aber ehrlich gesagt: Richtig genau habe ich nur noch unseren satanischen Frühschoppen gespeichert.

Wenn das unsere FDJ-Kreisleitung geahnt hätte, wären wir nicht auf Deutschlands »junge Garde« losgelassen worden. Da bin ich mir ziemlich sicher. Wir waren zwar eine erstklassige Elitetruppe, aber was für eine!

Hoch die Gläser! Aufs Deutschlandtreffen! Volles Rohr – unser gesamtes Blauhemdgeschwader.

Als wir ausgelassen vor einem Lokal johlten und

Wir lassen uns das Twisten nicht verbieten, Herr Wirt!

tanzten, platzte sogar dem Wirt der Kragen. Er kam an die Tür und bat um Mäßigung. Doch alle hatten taube Ohren. Die privilegierten Berliner sollten die Grenz-Provinzler mal richtig kennen lernen!

Den spendierten Kaninchenbraten am Mittagstisch meiner Gastgeberfamilie habe ich nur noch schräg von der Seite an- oder ausgelacht. Aber wie! Ich bitte nachträglich um Entschuldigung.

Als im Radio lautstark die Friedensfahrtfanfaren ertönten und mich weckten, hatte ich endlich meinen Rausch ausgeschlafen. Kein Wunder! Mit meinem Dachschaden und der wirkungsvoll genossenen, frischen Berliner Luft? Die paar Bierchen haben mich doch nicht umgehauen?

Ach, ja! Man müsste noch mal zwanzig sein und so ein »Sumpfhühnchen« wie damals!

Kleiner Scherz zum Schmunzeln – von einer seit Jahrzehnten passionierten Antialkoholikerin.

Lieb' Heimatland, ade!

Im Herbst 1964 wurde ich von meiner Lehrbuchhandlung zum Direktstudium nach Leipzig an die »Fachschule für Buchhändler und Bibliothekare« delegiert.

Für mich »spätes Landei« sollte also wieder ein neuer Lebensabschnitt beginnen. In der großen Messestadt war ich zum ersten Mal in meinem Leben auf mich selbst angewiesen. Zweihundert Kilometer von zu Hause, meinem Freundeskreis und meinen geliebten Gewohnheiten entfernt. Frei wie ein Vogel!

Meine Studentenbude befand sich in Leutzsch in der Schwylststraße. Ich musste sie mit Renate E. aus Erfurt teilen, was mich aber nicht störte, denn ich konnte sie gut leiden. Wir hatten ein großes Zimmer zur Untermiete und den gemeinsamen Weg zur Fachschule, einer herrlich gelegenen Villa in der Rathenaustraße. Herrschaftlich nobel! Mit dem Flair vergangener Zeiten und einer wunderbaren Hausbibliothek. Ich war hellauf begeistert. Aber umso bedepperter, als wir uns mit dem krassen Gegenteil anfreunden mussten. Mit einer spartanischen, dumpfen Holzbaracke im äußersten Winkel des romantischen Gartengeländes, die mich an die Grenzerkaserne in meiner Heimat erinnerte. Sie wurde zusätzlich für Unterrichtszwecke genutzt und den bescheidenen, idealistischen Buchhändlerseelen zugemutet, die darin die meisten ihrer Vorlesungen »genießen« durften. Bei eisiger Kälte, tropischer Hitze und üblem Mief. Aber tapfer, unverdrossen und zäh wie Leder. Ihrer Zunft alle Ehre machend!

Renate hatte schon ein Studienjahr absolviert und fuhr fast wöchentlich nach Hause. Ich nur einmal im Monat, weil es sich bei mir zeitmäßig nicht lohnte. Diese Wochenendregelung von Renate war natürlich günstig für mich – sturmfreie Bude, aber nur bis 22 Uhr!

Mutti machte mir den Anfang in der Fremde leicht. Schickte mir saubere Wäschepakete zurück, in welchen sich obendrauf fast immer ein gebratenes Kotelett befand, weil ich herzhafte Häppchen gerne mochte. Wie liebevoll! Ich bekam 160 Mark Stipendium und Christinchen aus Leuna zur Freundin. Wir beschnüffelten uns nur kurz und wussten auf Anhieb, dass wir zusammenpassten. Zwei Widder, die sich gesucht und gefunden hatten. Wir saßen in unserem Klassenzimmer nebeneinander, in der ersten Bank der Fensterreihe und fanden unsere »Orchesterplätze« supergünstig. Wir waren zum Beispiel die Ersten, die nach Schulschluss vergnügt in die Leutzscher Bahnhofsgaststätte gluckten und die Letzten, die zum Unterrichtsbeginn den Hintern auf ihren Platz schoben.

Leipzig war in jeglicher Hinsicht verlockend.

Ein wenig war es mir schon bekannt, weil meine theoretische Grundausbildung während der Lehrzeit auch hier stattgefunden hatte – in mehrwöchigen Kursen.

In der Anfangszeit war ich oft mit Christine auf Achse. Wir eroberten Leipzig im Sturm. Genossen interessante Sehenswürdigkeiten, Theater-, Opern- und Kinobesuche.

Drückten uns in Cafés wie »Carola« und »Corso« herum und hatten bald herausgefunden, in welchem Lokal wir die schmackhaftesten Steaks schmausen konnten – bis meine Moneten alle waren. Dann langte Christinchen in ihr etwas dickeres Portemonnaie, damit wir auf unsere Rostbrätel in der Leutzscher Bahnhofsmitropa nicht verzichten mussten. Da war sie immer Kumpel. Dafür bin ich an anderen Brennpunkten in die Bresche gesprungen. In der Schule glänzten wir zeitweise solidarisch wegen Abwesenheit und nicht zu knapp.

Nur im Ernteeinsatz in Bülow / Gadebusch musste ich alleine mit unserer Klasse über den Akker robben und Erdäpfel einsammeln, während meine attestierte Kommilitonin einen sauberen Bibliothekseinsatz in Leipzig absolvieren durfte. Neidisch war ich nicht, aber hinterher ein bedauernswerter armer »Bauerntölpel«!

Erntteinsatz 1964:
Hier kämpfte ich mit Ohrenschmerzen und Pfarrerstochter Christa (rechts). Der Schein trügt: Wir waren nie die Ersten. Immer Schlusslicht! Hatten uns nur fürs Foto mal umgedreht.

Einmal ging unsere Rechnung aber doch nicht ganz wunschgemäß auf. Christine wurde in der Halbzeit unseres Studiums schwanger und »musste heiraten«, wie es damals noch so schön hieß. Ich muss mich »infiziert« haben, denn ich war die Nächste, deren Bäuchlein immer runder wurde.

Aus der Traum von unserem fröhlichen Studentenleben!

Oh, Michael, du bist der Mann…

Es war im Oktober 1964, und ich wollte nach Hause zur Neustädter Kirmes fahren. Da kam meine einundsiebzigjährige Wirtin auf folgende Idee: »Wenn Sie mit dem Nachtzug aus Eisenach zurückkommen, könnten Sie doch dem jungen Mann, der über uns wohnt, einen Sitzplatz freihalten. Er steigt in Gotha zu. Da haben Sie den gemeinsamen Heimweg und einen Kofferträger obendrein.« Nicht schlecht, dachte ich, gebongt! Wer weiß, was das für ein Vogel sein wird? Neugierig geworden, aber ohne Hintergedanken, spielte ich das kleine Abenteuer mit.

Ich hätte doch nie gedacht, dass es so »spannend« und bei Kirmeskuchen und selbst gemachtem Kirschwein in meiner Kemenate enden würde? Erst recht nicht, dass mit einem innigen Kuss im Morgengrauen eine wunderschöne, romantische Zeit für uns beginnen würde.

Aus dem 2. Stock kamen alsbald die ersten eindeutigen Signale. Kleine runde Bierverschlusskappen flogen an mein Fenster und ersetzten noch fehlende Telefone. Unsere Verständigung funktionierte auch ohne Handys und Mails einwandfrei. Ein in der Nähe gelegener »Konsum« wurde unser liebster Treffpunkt.

Mein Schicksal nahm seinen Lauf. Als meine Frau Wirtin dahinter kam, was sie da unbeabsichtigt eingefädelt hatte, versuchte sie die Bremse zu ziehen: »Fräulein Börner, der Michael ist doch kein Mann für Sie. Er ist nur Eisenbahner und passt nicht zu Ihnen.« Quatsch, die hat doch keine Ahnung, dachte ich. Standesdünkel! Wie ich den hasste. Ich ignorierte jegliche Bedenken. Nun erst recht!

Mir gefiel mein gleichaltriger, gut aussehender, unkomplizierter und natürlicher »Michel«, und ich fühlte mich zu ihm hingezogen wie *Lady Chatterly* zu ihrem Waldarbeiter.

Mit ihm vergaß ich die Welt und brauchte meine Gefühle nicht mehr zu verdrängen. Wie aus einem Dornröschenschlaf erwacht, begann ich zu leben und brauchte nicht mehr an den Fäden zu zappeln, die Mutti fest in den Händen gehalten hatte.

Bald darauf wurde mein Freund zum Wehrdienst bei der NVA eingezogen. Zunächst blieb er in Leipzig. Später wurde er nach Halle versetzt. Eine harte Situation, die mich sehr belastet hat. Gleichzeitig war meine Wirtin verstorben, so dass ich meine Unterkunft verlor. So geschah es, dass ich mich blitzschnell in das leer stehende, schmale »Käfterchen« meines mittlerweile Verlobten einquartieren durfte – mit Familienanschluss.

Nun drehte sich bei mir alles nur noch um meinen »Achtzig-Mark-Soldaten«. Zu jeder möglichen Besuchszeit raste ich mit Sehnsucht und schweren Taschen in die Kaserne »Georg-Schumann-Straße«. Ich wollte ihm die unangenehmen 18 Monate erleichtern. Wie freute ich mich, wenn ich gebratene Koteletts oder Schnitzel, frische Erdbeeren und handgestopfte Zigaretten aus Zigarettenpapierhülsen und Tabak, weil die viel billiger als handelsübliche waren, abliefern konnte – und wenn mein Magen noch so knurrte.

In meiner Opferrolle quälte ich mich abgehärmt und abgemagert bis in den Herbst. Im Oktober 1965, mein »Gefreiter« auf Kurzurlaub aus dem Manöver »Oktobersturm« kommend, fand eine Grundsatzdiskussion statt.

Kurzum: Unsere Hochzeit wurde für den 20. Dezember des gleichen Jahres festgelegt, in der Nacht des 10. Oktober, der zu einem der denkwürdigsten Tage meiner Lebensgeschichte wurde, wie sich bald herausstellte.

Wir erhofften uns von dem schnellen Heiratsentschluss eine eigene Wohnung, staatlichen Ehegattenzuschlag und eine problemlose, gemeinsam ersehnte Einreise ins Grenzgebiet. Meine Eltern hatten meinen Zukünftigen nur einmal kurz und dessen Eltern noch nie gesehen.

Wegen der ganzen Einreiseumstände mit den verflixten Passierscheinen fand unsere Vermählung zwar aus Liebe, aber mehr als bescheiden unter »Ausschluss der Öffentlichkeit« in Leipzig statt. Unsere Hochzeitsklamotten hatte ich im Praktikum in der »Ernst-Thälmann-Buchhandlung« hart erarbeitet. Die Trauringe wurden aus einem alten Taschenuhrgehäuse angefertigt, welches ich in einem Antiquitätenlädchen aufgetrieben hatte. Gold gehörte zur großen Palette der Mangelwaren.

Hochzeit mit dem Vater meines Sohnes
20. Dezember 1965

Ich trug ein schwarzes, maßgeschneidertes Kostüm mit weißer Spitzenbluse und einen Brautstrauß mit 14 »Edelnelken«, mein Bräutigam einen schwarzen Anzug. Im Standesamt Lindenau gaben wir uns das Jawort – mutterseelenallein. Mir war, als würden wir mit dem Standesbeamten Generalprobe spielen. So hatte ich mir den schönsten Tag im Leben beim besten Willen nicht vorgestellt. Da waren ja unsere Kinderhochzeiten feierlicher abgelaufen, damals in der Dorfkirche zu Neustädt, mit Gardinenschleier und Pastorengewand.

Unser »Festmahl« spendierten die Schwiegereltern – ein ganz normales Sonntagsessen. Ich habe sogar einer ungeladenen Gratulantin mein Schnitzel abgetreten und mich mit einem Spiegelei begnügt.

Abends zählten wir auf der Bettkante unseres klapprigen Holzbettes die letzten Kröten, um in der Nachtbar »Zur Postkutsche« würdig unsere »Traumhochzeit« begießen zu können.

Es gab keine Hochzeitsreise und keine Flitterwochen. Die paar Tage Sonderurlaub meines Armisten reichten nur noch für eine Stippvisite ins weihnachtliche Thüringen zu meinen Eltern.

Auf in den Kampf!

Es war bereits fünf Minuten vor Weihnachten 1965. Da wir nun verheiratet waren, durften meine Schwiegereltern mit Passierschein zur Hochzeitsnachfeier in Neustädt/ Werra einreisen.

Als meine fidele und schwergewichtige Schwiegermutter, ein kleiner »Wildecker-Herzbub'-Verschnitt«, wie eine Dampfwalze über unsere Türschwelle gestolpert kam, schnappte meine Mutter unüberhörbar nach Luft. Die erste Weihnachtsüberraschung war gelungen. Diese noch nicht verkraftet, folgte die nächste – und was für eine: Als die Riesenweihnachtsgans, auf die ich immer scharf war, knusprig und duftend auf unserem Festtisch stand, wurde mir schon vom Geruch speiübel, und ich musste die Flucht ergreifen, was Mutti sofort richtig zu deuten wusste. Sie sah es mir an der Nasenspitze an und warf ihrem Schwiegersohn, über die unschuldige »Auguste« hinweg, einen vorwurfsvollen Blick zu, noch ehe ich die Kurve zum rettenden »Patscheimer« gekratzt hatte.

Ich war mir ziemlich sicher, dass meine Partnerwahl Mutter Erna nicht in den Kram passte und meine Schwangerschaft, die im Folgemonat, Januar 1966, bestätigt wurde, erst recht nicht. Es war aber leider nicht mehr zu ändern, was der »Oktobersturm« gnadenlos angerichtet hatte.

Hochschwanger und nach sechs riskanten Brechmonaten mit bedenklichem Gewichtsverlust schaffte ich noch meine Abschlussprüfung, im himmelblauen Umstands-Jackenkleid mit bravem, weißem Bubikragen.

Unsere humane Schuldirektion hatte mir gestattet, sie etwa vier Wochen vor dem offiziellen Prüfungstermin abzulegen, damit ich wenigstens noch ein bisschen vom gesetzlichen Schwangerschaftsurlaub in Anspruch nehmen konnte. Aus persönlichen Gründen schloss sich meine clevere Studienfreundin Christine an. So haben wir gemeinsam quasi als *Außenseiter – Spitzenreiter* unseren »Dipl.-Fachhochschulabschluss« – so lautet heute die exakte Bezeichnung – mit guten Ergebnissen gemeistert und uns beide auch noch ein Kind geleistet.

War ich froh, als ich meinen dicken »Ranzen«, in dem es tüchtig rebellierte, nicht mehr in die Schule schieben musste und alle Strapazen des Examens glimpflich überstanden hatte.

Schwangerschaftsdrama – letzter Akt

Die übrig gebliebenen Wochen meines Schwangerschaftsurlaubes verbrachte ich zu Hause bei meinen Eltern, wohl behütet und umsorgt. Nachholbedarf war in jeglicher Hinsicht angesagt.

Der Familienrat hatte beschlossen, dass es für mich am besten sei, in Eisenach zu entbinden, in unmittelbarer Nähe meiner Schwester Gunda.

Deshalb wurde ich zur Sicherheit in den letzten 14 Tagen vor der Geburt dorthin verfrachtet. Es hatte sich noch nichts geändert. Was Mutti sagte, wurde gemacht. Ich folgte. Es war gut gemeint und gedacht, nur ich fühlte mich wie in der Verbannung. Schwester und Schwager flogen täglich zur Arbeit aus. Ich war meistens allein. Mein Mann robbte als »Mot-Schütze« irgendwo in der »Prärie« herum, während ich ohne ihn auf das »dicke Ende« warten musste. Wie ungerecht! Verdammter »Oktobersturm«!

Manchmal watschelte ich mit geschwollenen Klumpfüßen, die nur noch in große Männergaloschen passten, in Richtung Wartburgwerk, zum Arbeitsweg meines Vaters.

Wenn er mir auf der »Rennbahn« entgegenkam, freute ich mich wie ein kleines Kind und wäre am liebsten mit Papa heimgefahren. Er drückte mir zur Stärkung mitleidvoll einen Esstopf mit einem Kraftsüppchen von Mutti in die Hand – insgeheim auf einen strammen Enkelsohn hoffend. Ein herzzerreißendes Szenarium. Und mit einem dicken Kloß im Hals winkte ich ewig, bis er vor meinen Augen verschwand. Was ging mir auf dem Rückweg nicht alles durch den Kopf?

Ich spürte unbeschreibliche Angst in mir, die mich schwach machte. Lieber wäre ich mit Papa in den Wald gefahren und hätte eine Fuhre Holz gemacht – wie in Kindertagen. Als wir Fichtenbäume fällten und mit unserem Langholzwagen nach Hause zerrten. Papa lobte mich immer, weil ich zog wie ein Gaul. Wo waren denn jetzt meine »Pferdestärken«?

Es war ein schöner Sommertag, und plötzlich dachte ich an den Winter. Komisch? Ich erinnerte mich an den schönsten Heiligabend, an dem ich nachmittags mit Papa stundenlang durch unseren tief verschneiten Winterwald stapfte. Wir waren auf der Suche nach einem Weihnachtsbäumchen und fanden auf Anhieb kein geeignetes, weil die Tannenzweige dick mit Schnee behangen waren und wir kaum erkennen konnten, welches wir absägen sollten. Ringsherum eine göttliche Ruhe, klar der Himmel, erfrischend die Luft und glitzernd die Landschaft. Eine Seelenwanderung, und Papa hielt mich fest an der Hand.

Die Gegenwart holte mich erst wieder ein, als ich mich am Treppengeländer hochziehen musste, in die 1. Etage meiner schwesterlichen Wohnung.

Dort saß ich tagsüber strickend mit meiner gelangweilten zehnjährigen Nichte Beate herum, die Alarm schlagen und meine Schwester benachrichtigen sollte, wenn die Wehen beginnen würden. Der Geburtstermin war schon überschritten, und meine

Aufpasserin verständlicherweise nicht mehr zu halten. Sie hatte Ferien und »sockte« überall und nirgends herum und reagierte absolut nicht, wenn ich mal einen Proberuf vom Balkon aus startete. Ein Affenzirkus! Ich hatte mich schon damit abgefunden, dass die gegenüberliegende Feuerwehr meine Entbindung einläuten würde. Nein, so ein Drama! Mir wurde angst und bange. Ohne Telefon! Wie sollte das noch enden?

Den weinroten Geburtstagspullover für meinen Mann (geboren am 14. Juli) hatte ich am Abend des 13. Juli fertig gestrickt, und ich sagte scherzhaft zu meiner Schwester Gunda: »Schaff endlich die Beate nach Neustädt zu Omi. Morgen oder nie! Sturm auf die Bastille – und ein Geburtstagsabwasch!«

Und der Himmel bescherte uns tatsächlich am 14. Juli die Seltenheit eines Doppelgeburtstages von Vater und Sohn.

»Stromer«-Nichte Beate

Freudiges Ereignis in Moll

Die Uhr der Nikolaikirche schlug 8 Uhr, als mich meine Schwester Gunda im Diakonissenhaus, gleich bei ihr um die Ecke, einlieferte. Unterm Kruzifix des Eingangsportals verabschiedeten wir uns christlich: »Na, dann auf zu Gott!«, flachste ich noch mit Galgenhumor herum und ahnte nicht, dass es beinahe so gekommen wäre.

Zunächst verlief alles normal. Ich kämpfte mit Hebamme Dietze die bisher größte Schlacht in meinem jungen Leben. Und es hat sich gelohnt, denn um 14 Uhr und 10 Minuten erblickte der erste Sohn in meiner Sippe das Licht der Welt. »Ein strammer, gesunder Bursche, ich gratuliere!«, rief mir die Hebamme zu.

Freudentränen und ein paar Minuten des Glücks – unbeschreiblich!

Im nächsten Augenblick plagte sich die Hebamme aber schon mit der Plazenta, und mein Baby wurde im Hintergrund abgelegt. Ihr Gesicht verfinsterte sich und sie sah verzweifelt aus. Als sie mit dem ersten blutgefüllten Schieber hinausrannte, merkte ich, dass das nicht normal sein konnte. Im Handumdrehen schwirrte ein ganzes Geschwader von Weißkitteln ins Geburtszimmer. Scheinwerfer wurden auf meinen Unterleib gerichtet und Transfusionsschläuche angelegt. Der Chefarzt kam hinzu und rief erregt und verzweifelt: »Mehr Licht, mehr Licht!« Genau wie angeblich der sterbende Goethe. Hilfe! Ging es mir etwa auch an den Kragen? Es wimmelte nur so von fremden Ärzten um mich herum, und ich konnte kaum noch einen klaren Gedanken fassen. Nur schreien vor Schmerzen. Offensichtlich wurde am Uterus genäht, aber ohne Narkose. Heute weiß ich, dass die nicht mehr möglich war. Ich wurde nach einigen Dingen gefragt, konnte aber nur bruchstückhaft antworten. Was war nur schief gelaufen?

Bis gegen Abend hing ich am Tropf und bekam Bluttransfusionen. Eine junge Krankenschwester bewachte mich und massierte mir auf Wunsch wohltuend meine gefühllosen Finger. Ich hatte ein paar Liter Blut verloren.

Auf dem Gang ertönten anrührende Kirchenlieder, wie jeden Abend um diese Zeit, und mir stand eine schrecklich angstvolle Nacht bevor.

Nur nicht einschlafen, nur nicht wegtreten, redete ich mir stundenlang zwischen den Blutdruckkontrollen ein. Und hielt Muttis nostalgische Armbanduhr, die sie mir geschenkt hatte, bis in die Morgenstunden an mein Ohr. Das unaufhörliche gleichmäßige Ticken tat mir gut, lenkte mich von meinem unregelmäßigen Herzschlag ab und schien mich in den neuen Sommertag zu retten. Zwar war ich noch nicht übern Berg, wie mir irgendwann meine Schwester verriet, aber ich wartete doch sehnsüchtig auf mein Kind.

Als ich mein acht Pfund schweres Bündel zum Stillen angelegt bekam, zum ersten Mal in den Armen hielt und hautnah pures Leben spürte, schien mit mir ein Wunder zu geschehen.

Unbeschreibliche Energien und Kräfte strömten in mich hinein. Beim Anblick der großen, strahlenden Augen meines Wonneproppens hatte ich nur noch einen Gedanken: Du musst, und du wirst!

Und jeden Tag, immer, immer wieder, flüsterte ich meinem Sveni, wenn ich ihn – noch kraftlos – von Brust zu Brust gewälzt hatte, in seine kleinen Öhrchen: »Hab keine Angst, mein Sohn, wir schaffen's schon!«

Es schien stetig aufwärts zu gehen. Nach etwa 14 Tagen wurde der kühne Versuch unternommen, mich mit meinem Sohn zu entlassen. Alle Vorkehrungen waren getroffen. Mein Mann hatte für die Abholung von Mutter und Kind seinen gesetzlichen Sonderurlaub bei der NVA genommen und saß schon abholbereit im Krankenhaus, als ich in der Toilette wieder einen Blutsturz bekam, so dass ich weitere Wochen in stationärer Behandlung bleiben musste. Zu allem Pech stellte sich auch noch eine Brustkomplikation ein. Ich wurde in die Infektionsabteilung des Hauses verlegt und mein Baby ins Stationsbad geschoben. Ich war am Verzweifeln. Lag sowieso schon zehn Kilogramm unter meinem Normalgewicht. Und nun auch noch eine zusätzliche Schwierigkeit.

Abgestillt, geschwächt und zitternd vor Angst, eine erneute Blutung könnte eintreten, schlich ich immer an der Wand entlang, wenn das Schreikonzert meines Kindes im Bad nicht enden wollte. Im Sitzen beruhigte ich dann mein Söhnchen liebevoll, legte es trocken oder gab ihm das Fläschchen. Versuchte mich damit abzulenken. Die magische Anziehung, eben der Mutterinstinkt, versetzte mich erneut in Kampfbereitschaft. Mein Glück!

Als ich von Patientinnen im Krankenzimmer gefragt wurde, ob ich wüsste, was aus der jungen Mutti geworden sei, die unlängst beinahe gestorben wäre, verschlug es mir die Sprache. Die meinten doch nicht etwa mich? Da überfiel mich ein unbeschreiblicher Schauer.

Die ganze Tragweite meiner ernsten Situation wurde mir nur langsam und erst dann so richtig bewusst, als der Chefarzt aus dem Urlaub zurückkam, mich am Krankenbett aufsuchte, meine Hand nahm und erleichtert sprach: »Mädchen, da haben wir noch mal Glück gehabt.«

Später erfuhr ich, dass man ihn in meinen lebensgefährlichsten Minuten beim Verlassen des Krankenhauses auf dem Weg in die Ferien zurückgeholt hatte, weil es vermutlich kein anderer geschafft hätte, mir das Leben zu retten.

Danke und nochmals danke, Chefarzt Hasse.

Meine neue Lebensphilosophie

Im August war ich noch im Krankenhaus, Anfang Oktober hatte ich ins Leben zurückgefunden.

Wie hatte ich es mir sehnlichst gewünscht und ausgemalt, mit einem Fensterplatz im Zug, mein geliebtes »Klein-Paris« überhaupt wieder einmal zu erreichen, obwohl ich die Bahnfahrten vorher als eher lästig empfunden hatte.

Meine Sicht der Dinge hatte sich grundlegend geändert. Die großen Rosinen im Kopf, die mit 22 Jahren natürlich und erlaubt sind, waren nur noch Nebensache. Und die mir sowieso verhasste Hetzjagd nach *Money, Money, Money* erst recht.

Selbstverständlichkeiten bekamen einen neuen Stellenwert: Sonne, Mond und Sterne, Wind, Donner, Regen, Schnee, Eis, Blumen, Pflanzen und Tiere – um nur die wichtigsten zu nennen. Ich versuchte anders – bewusster – zu leben. Nicht mehr wie vorher in der Illusion der Unsterblichkeit. Ich hatte im glücklichsten Moment erfahren müssen, dass ich – wir alle – nur wie durch Spinnwebfäden mit dem Leben verknüpft sind.

Erst angesichts einer schlagartig real gewordenen Nähe des Todes wird uns bewusst: »Das Wertvollste, was der Mensch besitzt, ist das Leben.«

Dieses Zitat von Nikolai Ostrowski kannte ich längst, aber richtig begriffen hatte ich es erst jetzt.

Wir sollten alle diese Botschaft ernst nehmen: Richtig zu leben, bevor es zu spät ist!

Wie sagte Gottfried Keller fast erblindet? »Trinkt, oh Augen, was die Wimper hält, von dem goldenen Überfluss der Welt.«

Schlimmer als gedacht

Wegen schneller Rückkehr nach Leipzig konnte ich mein Mutterglück nur kurz genießen.

Meine Eltern hatten die Betreuung unseres Kindes übernommen und waren selig mit ihrem Enkelsöhnchen. Ich gönnte ihnen das verspätete Lebensglück von Herzen – nach vier eigenen und drei Enkeltöchtern – doch psychisch litt ich sehr darunter.

Physisch war ich auch noch nicht ganz auf der Höhe, aber ich konnte die angebotene Buchhandlungsleiterstelle des Volksbuchhandels nicht sausen lassen.

Inzwischen hatten meine Leipziger Schwiegereltern die kleine »Teilmietwohnung«, die uns von der Reichsbahn zugesprochen worden war, gemalert und auch sonst halbwegs wohnlich hergerichtet, da mein Mann noch die letzten Wochen bei der NVA abschrubben musste.

So hatte ich das Vergnügen, ein Zimmerchen von 12 Quadratmetern und eine Wohnküche mit Balkon, die von einer Achtzigjährigen zur Wasserentnahme mitbenutzt werden durfte, einzurichten. Keine Ideallösung, aber besser als nichts – gemessen an der damaligen Wohnungsmisere.

Schwitzend und »groggy« zog ich alleine durch sämtliche Möbelabteilungen und Kaufhäuser. Erstand mit meinem knappen Bargeld eine moderne Anbauküche und Gardinen. Die Wohnzimmereinrichtung mit Schlafcouch auf Ratenzahlung. Der Anfang war gemacht. Im Haushalt fehlte natürlich noch allerhand. Uns standen dafür nur die Hochzeitsgeschenke zur Verfügung, denn eine Aussteuer – wie andere Mädchen auf dem Dorf – besaß ich nicht. Nur ein Bündel »Chinahandtücher« und meine Ausbildung.

Jedenfalls hatte ich ein schmuckes Puppenstübchen eingerichtet und die ersehnte Rückkehr meines Mannes von der »Fahne« in unserem neuen und endlich eigenen Heim vorbereitet. Wie hatten wir auf diesen 28. Oktober 1966 gewartet!

Die letzten 150 Tage wurden sogar täglich Zentimeter um Zentimeter vom Schneidermaßband abgeschnitten. Das machten die meisten Entlassungskandidaten so. Manchmal aber auch wartende Frauen wie ich. Der Freudentag kam, und wir waren heilfroh, diese Hürde endlich überstanden zu haben. Beinahe ein Jahr verheiratet, hatten wir noch nichts davon gemerkt. Jetzt waren wir Mutter und Vater und schon wieder in Wartestellung. Für mich war diese noch schlimmer als die durchgestandene, denn es war absolut nicht abzusehen, wann unser Kind endlich bei uns leben würde.

Einerseits mussten wir schnellstens die Kreditabzahlung gewährleisten, die meine Berufstätigkeit erforderlich machte, denn wir benötigten zwei Gehälter: das eine zum Leben und das andere für die Ratenzahlungen. Andererseits fehlte uns ein Krippenplatz, der aber auch sicher kaum in Frage gekommen wäre. Die Großeltern hätten doch ihr »Sonnenscheinchen« nie in fremde Hände gegeben. Natürlich hatte es unser Sohn sehr gut bei Omi und Opa, aber die Entfernung zwischen uns war ja kein Katzensprung – ohne Auto.

Jeden Freitag nach der Arbeit drängelten wir uns in den überfüllten D-Zug nach Eisenach. Hatten meistens Stehplätze und krochen, nach zweimaligem Umsteigen in Eisenach und Gerstungen, erst um Mitternacht hundemüde in Neustädt aus dem Omnibus. Dann fehlte es nur noch, dass wir vor verschlossener Haustür standen und schlimmstenfalls noch ewig auf unserem dunklen Hof herumgeistern mussten – nach Steinchen suchend, die wir an die Fensterscheiben feuerten, damit uns Mutti endlich hörte, die nach langem Warten selig eingeschlummert war.

Sonntags ging es mit dem Nachtzug zurück. Zwei bis drei Stunden Schlaf und wieder auf Arbeit. Dieser Ablauf zehrte natürlich tüchtig an unserer Substanz und konnte kein Dauerzustand bleiben.

Inzwischen arbeitete ich in der Leipziger Spezialbuchhandlung für Bauliteratur »Max Reimann«, von 8-18 Uhr.

War täglich fix und fertig, wenn ich abends nach Hause kam. Das stundenlange Stehen – noch nicht im Besitz der gewohnten Arbeitskraft – sowie meine starke Regel schafften mich. Ich hatte einfach keine Reserven mehr. Meine Batterie war immer im Handumdrehen leer. Abends reichte meine Energie oftmals gerade noch für die Essenzubereitung, »Grenzerwäsche« und Zähneputzen. Mein Mann, der früher zu Hause war als ich, kaufte ein und schälte die Kartoffeln. Wochenlang gab es das Gleiche: Bratwürste, Spiegeleier oder Kurzgebratenes mit Konservenletscho – weil es schnell ging. Dann purzelte ich rücklings todmüde in die Kissen. Frühmorgens musste ich auf meinem Arbeitsweg zweimal umsteigen. Täglich gab es Verspätungen. Mal fiel die Straßenbahn aus, mal gab es defekte Oberleitungen im Busverkehr. Es ging selten ohne Zwischenfälle ab. Wenn Karawanen von Berufstätigen wie zum 1. Mai anmarschiert kamen, stand fest, dass ewig keine »Bimmel« in Sicht war. Äußerst ungünstig, wenn man vor dem Dienst schon unter Druck steht. Bin oft zur nächsten Haltestelle »Adler« gerannt, um dort ein Taxi zu erwischen und noch pünktlich zur Arbeit zu gelangen.

Verkaufte ich neben der Fachliteratur das erste Bilderbuch, ergriff mich unendliche Sehnsucht nach meinem Sohn. Und das passierte mir mehrfach am Tag. Oft rannte ich nach hinten, weil ich Tränen in den Augen hatte oder nicht mehr sprechen konnte. Zum Teufel! Was habe ich mir nur angetan?

Die allwöchentliche Abschiedszeremonie von meinem Kind wurde immer belastender. Wie litt ich, wenn ich mich übers Kinderbettchen beugte, die kleinen Händchen sich in meine herunterhängende Perlenkette krallten und ich mich förmlich losreißen musste, um den Zug nicht zu verpassen. Es war schlimm. Ich kämpfte um jede Minute für mein Kind. Meine Freistunden, die sich wöchentlich ergaben, legte ich so, dass ich erst Montagmittag zum Dienst anzutanzen brauchte. Dadurch hatte ich eine Nacht beim Kind gewonnen und war einigermaßen ausgeschlafen. Das war eine vernünftige Übergangslösung, die mir aber bald vermiest wurde.

Meine »liebe« Parteileitung war nämlich absolut nicht damit einverstanden, dass ich montags früh in der »Mehring-Buchhandlung« zum Parteilehrjahr fehlte. Meine Entschuldigung »Kind« wurde nicht akzeptiert. Ich bekam eine saftige Rüge wegen Pflichtverletzung und wurde zur sofortigen Verhaltensänderung verdonnert.

Ich könnte an die Denke springen, wenn ich heute darüber nachdenke. Es ging um mein Kind, verdammt noch mal!

Die Partei, die Partei, die hat immer recht? Nein, ehemalige Genossen von damals!

Bei aller Einsicht in die Notwendigkeit, die ich immer aufgebracht habe, es war falsch und starrköpfig, was ihr mit mir gemacht habt. Was versäumte ich – vorübergehend wohlgemerkt – denn schon im Parteilehrjahr, gemessen an dem, was mir und meinem Kind verloren ging? Gerade vom Studium gekommen, glänzte Marxismus-Leninismus noch frisch aufpoliert unter meiner Mütze! Außerdem war ich kein Drückeberger. Immer einsatzbereit, wenn ich gebraucht wurde. Ich hätte euer Verständnis für die gegebenen Umstände dringend benötigt und erwartet, dass Mutter und Kind in der DDR im Vordergrund stehen. In jedem Fall – nicht nur auf geduldigem Papier! Stattdessen wart ihr richtiggehend inhuman zu mir und habt mich damit zur Verzweiflung gebracht. Jawohl! So habe ich es empfunden, und das tat sehr weh.

Bekanntlich setzten sich grobe Fehler und Mängel in der DDR fort. Die Quittung lieferte 1989 das Volk!

Damals, über 20 Jahre vor der Wende, war die Zeit noch nicht reif genug, um mutig mein Parteibuch auf den Tisch zu knallen. Deshalb habe ich kurzentschlossen die Alternative vorgezogen, aus persönlichen Gründen dem Volksbuchhandel mein Arbeitsverhältnis zu kündigen. Dann unseren Sohn auf Teufel komm raus nach Leipzig geholt, obwohl sich schon klar abzeichnete, dass sich die hygienischen Bedingungen in unserem Teilmietverhältnis problematisch gestalteten und für ein Kleinkind absolut nicht geeignet waren.

Probelauf

Hurra! Endlich hatten wir unseren Sveni da.

Mir war, als wären Ostern, Pfingsten und Weihnachten auf einen Tag gefallen. Ich hatte den kostbarsten Schatz auf dieser Welt unter meiner Bettdecke versteckt, als wir die erste Nacht in Leipzig nebeneinander schliefen. Ich ängstigte mich sehr, weil ich dachte, dass unser Söhnchen – wie ich als Kind – Heimweh bekommen könnte. Und deshalb behandelte ich ihn wie ein rohes Ei. Vorsicht, Vorsicht! Nur nichts verkehrt machen!

Ich tat alles, um ihn zu beschäftigen und abzulenken. Wir hatten genügend nachzuholen. Es schien ihm zu gefallen, dass ich wie eine große Schwester mit ihm herumtobte, herumkasperte und jeden Quatsch mitmachte. Es gab so viel zum Lachen.

Wenn sein Vater früh auf Arbeit verschwand, kam er aus seinem Wandklappbett zu mir gekrochen. Wir winkten dem Papa am Fenster hinterher. Danach sah im Handumdrehen unsere Doppelbettcouch wie eine Tiefgarage aus, denn unser Kind schleppte im Nu sämtliche Autos aus seiner Spielzeugkiste heran. Mit Martinshorn und den übrigen Warnsignaltönen düsten Krankenwagen, Polizeiautos und Feuerwehrfahrzeuge über mein Gesicht, so dass ich nur mit vorgehaltener Hand seine verwegenen Rettungsaktionen überstand. Ich war richtig glücklich. Wir konnten auch schon ordentlich miteinander kommunizieren, denn unser Sven sprach vorbildlich. Nur mit dem »großen Geschäft« wollte es partout nicht klappen, weil er bei Oma Erna einmal mit dem Nachttopf umgekippt und voll in sein Stinkhäufchen geflogen war. Ja, da hatten Mutter und Sohn tüchtig daran zu knabbern, bis dieses Missgeschick in Vergessenheit geriet.

Wochenlang klemmte ich mir einen alten Kochtopf unter den Hintern und demonstrierte, neben unserem Hosenscheißerchen in der Küche hockend, wie er »drücken müsse«. Mutter erlebte einige kritische Momente, und Sohnemann stieg immer wieder erfolglos vom Thron. Stellte sich in die nächste Ecke und machte prompt in seine Windelhose. Meine Nerven! Ich war ratlos. Erst als ich ihm versprach, dass er die größte Feuerwehr aus dem beliebten Spielzeugladen »Nitsche« bekäme, wenn er kein Hosenmatz mehr sei, funktionierte die Sache.

Die sensationelle Ankunft des kleinen Ringelwürstchens im Nachtgeschirr, für welches ich 60 Mark geblecht hatte, begrüßten wir so euphorisch, wie später Sportreporter Heinz-Florian Oertel den Marathonolympiasieger »Waldemar«.

»Hurra, hurra, endlich ist das Würstchen da!«

Wenn fortan die große »Rote« tatütata zum Löscheinsatz »Nachttopf« angebraust kam, war es immer höchste Eisenbahn.

Oma Erna, die natürlich blitzschnell eine Eilberichterstattung unseres Erfolgserlebnisses erhielt, schrieb hocherfreut im Schlusssatz ihres Antwortbriefes: »Nie verzagen, Hoffnung haben, denn mit Geduld und Spucke, fängt man eine Mucke!« Oh gewiss, oh gewiss, liebe Omi!

Anfängliche Startschwierigkeiten gab es auch auf der »Elefantenrutsche« im Park vor unserem Häuserblock.

Unser Sveni tat sich sehr schwer. Musterte lange und äußerst skeptisch den großen Zementbrocken. Erst als Vater und Sohn gemeinsam den Rüssel ausprobierten und alles gut ging, war er nicht mehr zu bremsen. Aber nur mit Händchenhalten!

Wenn wir einkaufen mussten, fuhren wir meistens mit unserem luftbereiften »Sportcoupe« und einer Luftpumpe durchs Revier. Damit konnten wir eine größere Runde drehen, falls die Luft hielt, und ich brauchte keine schwere Tasche zu schleppen. Meistens kutschierten wir zur Eisenbahnbrücke »Schwartzestraße« und beobachteten die vorbeisausenden Züge und den spannenden Rangierverkehr. Manchmal stundenlang, wenn Sveni nicht genug bekam. Es kam nie Langeweile auf, und ich genoss jede Minute unseres Zusammenseins. Es war wunderbar!

Wenn aber unser Sohn im Geschäft oder auf der Straße lautstark rief: »Omi, Omi, gucke mal!«, dann zuckte ich mit meinen 24 Jahren fürchterlich zusammen, und die Leute starrten mich verwundert an.

Heute wäre ich froh und glücklich, würde ich so gerufen – denn dann wäre ich endlich Großmama. Aber ich will mich nicht beklagen. Immerhin bin ich »Hunde- und Vogeloma«: vom bildschönen, weißhaarigen Rüden »Rocky« und Wuschelknäuel »Eddy« sowie von den putzmunteren Rosenköpfchen »Gustav« und »Adele«.

So spielt das Leben!

Hausgenossen »Rocky« und »Eddy«

Rosenköpfchen »Gustav« und »Adele«

Zum Alptraum geworden

Eines Tages rief unser Sohn auf dem Korridor: »Mami, Mami, die böse Hexe will mich hauen!« Ich schaute schnell zur angelehnten Küchentür hinaus und traute meinen Augen nicht.

Mit einer Axt in der Hand, aufgelösten, weißen, strähnigen Haaren und verstörtem Blick stand drohend unsere betagte Mitbewohnerin vor unserem Kind und schimpfte brüllend los: »Verschwinde, ab an die Grenze, wo du hergekommen bist, sonst schlag ich dich tot!« Fassungslos riss ich meinen Sohn an mich und brachte ihn in Sicherheit. War ich froh, als endlich mein Mann von Arbeit kam.

Schwierigkeiten hatte es von Anfang an gegeben. Es war schon einige Male vorgekommen, dass nachts unsere Zimmertür aufging und plötzlich Frau P. im Dunkeln wie ein Gespenst mit ihrem Nachttopf vor unserem Bett stand, so dass wir zu Tode erschraken.

Was sollten wir machen? Sie musste die Türen verwechselt haben. Als ihr Mann noch lebte – er soll sich auf dem Klo erhängt haben –, war unser Zimmer ihr Schlafgemach.

Der Alterungsprozess schritt unwiderruflich voran. Manchmal konnte man sich gut mit ihr unterhalten, dann war sie zeitweise verwirrt und brachte alles durcheinander. Sie tat mir Leid, und ich wollte sie wie eine Oma behandeln, die ich selbst nur kurzzeitig hatte. Aber es funktionierte nicht.

In ihrer Behausung sah es zum Jammern aus. Sie konnte auch nicht mehr richtig sehen. Ich brachte einige Male ihre verwahrlosten Zimmer auf Vordermann und freute mich, wenn sie sich in ein sauberes Bett legen konnte und es vorübergehend mal nicht so penetrant roch, wenn sie ihre Türen öffnete. Es gingen genügend Leute bei ihr ein und aus, auch eine nette Kirchenschwester – aber richtig geholfen hat ihr niemand. Bestenfalls beim Verzehr ihres »Westkaffees«, den ihre Tochter regelmäßig aus Hamburg schickte.

Plötzlich suchte Frau P. ihre Sonnenbrille, dann das Gesangbuch und andere Dinge. »Alles geklaut, alles geklaut«, beschuldigte sie mich wütend und erzählte es allen Leuten auf den Parkbänken. Die vermissten Sachen wurden in ihrem »Berliner Ofen« gefunden. Ebenfalls vergammeltes Fleisch, was sie dort zum Kühlen hineingelegt hatte. Es war schon ein traurig-bitterer Zustand, der sich noch verschlimmerte. Sie hätte in ein Pflegeheim gemusst, unbedingt, um einen menschenwürdigen Lebensabend zu genießen. Sie wollte es aber nicht, und ohne Unterschrift lief nichts. Höchstens mit ärztlichem Dringlichkeitsgutachten oder einer Zwangseinweisung.

Auf unserem Korridor stank es fürchterlich. In dem langen Gang, der zum Klo führte, hingen unansehnliche Sachen zum Trocknen herum, die nur noch für den Lumpensack taugten. In der Toilette schwamm es täglich, lagen übel riechende Abfälle herum, war die Brille verschmiert. Mein Mann rannte oft in den Park, um seine Notdurft zu verrichten, bis ich, die »Scheuerelly«, Abhilfe geschaffen hatte.

In aller Frühe, wenn wir noch nackt vorm Waschbecken standen, trommelte Frau P. schon ungehalten mit dem Wassereimer an die Küchentür: »Will Wasser haben!« Natürlich hatten wir nach dem Vorfall mit der Axt begründete Angst und schlossen uns ein. Ich lief von Pontius zu Pilatus, um anderen Wohnraum zu erkämpfen – doch nichts!

Unsere Nerven lagen blank, als Frau P. auf dem Korridor auch noch kleckerweise ihren Kot verlor und darin hin und her schlurfte. Heilige Maria! Womit hatten wir das verdient? Wir schalteten die »Hygiene« ein, hofften auf Hilfe. Es passierte ebenfalls nichts. Nach tagelangem Warten kamen zwei Beauftragte von der Behörde und nahmen von dem inzwischen eingetrockneten Beweismaterial keine Notiz. Kaum waren sie um die Ecke, gab es eine erneute Schweinerei, weil Weintrauben bei Frau P. durchschlagende Wirkung hatten, wie man nicht übersehen konnte. Zur Krönung des Trauerspiels tauchte noch ein Psychiater auf, der uns weismachen wollte, dass die kotbeschmierte Korridortapete durchaus auch unser Kind mit Schokoladenfingern verursacht haben könnte. Konnte einem da nicht der Hut hochgehen?

Da war mir klar, dass irgendwie gegen uns gearbeitet wurde. Vielleicht steige ich ja noch dahinter, wer uns das Leben so zur Hölle gemacht hat, dass daraus sogar ein Alptraum entstanden ist, der mich manchmal heute noch plagt.

Als das Geschilderte passierte, schrieben wir das Jahr 1969. Der 20. Jahrestag der DDR stand vor der Tür. Überall wurden herrliche Rosen und andere Blumen gepflanzt. Auch im Park vor unserem Haus, während mein Mann und ich – die schwer enttäuschte Genossin – abwechselnd auf den Knien herumkrochen und schuldlos fremder Leute Exkremente vom Fußboden kratzten – im real existierenden Sozialismus! Dazu kamen noch als scharfe Würze die deutlichen Worte meines parteilosen Ehemannes, der mich wütend und schonungslos anpfiff: »Siehste nun, wie dir dein Staat und deine Genossen helfen, für die du dir den Arsch aufreißt?«

Wenn du noch eine Mutter hast…

Wegen unserer prekären Wohnsituation erklärte sich die Leipziger Oma Hanna bereit, ihren Enkelsohn in den Nachmittagsstunden zu betreuen.

Ich konnte dadurch wieder ein paar Stunden in der Volksbuchhandlung »Robert Blum« arbeiten. Ein kleiner Segen, denn ich war inzwischen beinahe reif für die Insel!

So brachte ich nun unseren Sohn täglich mit der Straßenbahn von Kleinzschocher nach Leutzsch in die »Weinberg«-Gartenanlage. Dort war er sicherer und konnte an der frischen Luft spielen, bis ihn sein Vater nach der Arbeit abholte. Eine Weile ging es gut. Bis ich bei glühender Hitze während meiner Regel wieder einen Blutsturz bekam und vor der Gartentür in die Knie ging. Sie war noch verschlossen, weil ausgerechnet an diesem Tag unsere Oma später eintrudelte. Mein tapferer Rettungssanitäter Sven schrie aber: »Hilfe, Hilfe, meine Mami!«, bis ihn jemand hörte und die »Schnelle Medizinische Hilfe« (»SMH«) verständigte. Dann holte er seine Limoflasche aus dem Beutel, kippte mir aber in der Aufregung beim Reichen die gelbe Brühe übers Gesicht. Die lief natürlich in mein Haar und über den Hals, so dass mich der Krankentransport klebrig und dreckverschmiert in der Frauenklinik »Eitingon« ablieferte.

Mit abwertenden Blicken wurde ich entsprechend »freundlich« aufgenommen. Dachten die etwa an Abtreibung, weil ich wie eine Schlampe aussah? Da hatten sie sich aber gewaltig geirrt.

Mir war mittlerweile alles egal. Ich brauchte Hilfe. Glücklicherweise wurde ich von einem sehr netten und verständnisvollen Gynäkologen untersucht, dem ich vertrauen konnte und dem ich deshalb hinterher 30 Jahre die Patiententreue hielt. Ich bekam eine Injektion verpasst und durfte mit Tabletten nach Hause, da gerade kein Bett frei war. Das hörte sich gut an, war aber in meinem Falle – wegen unserer komplizierten Wohnbedingungen – undurchführbar.

So landete ich im Ehebett von Oma Hanna, und unser Sveni tobte durch die Bude. Seine Oma saß gemütlich vor der Flimmerkiste und ließ sich bei der Übertragung des 5. Turn- und Sportfestes nicht aus der Ruhe bringen. Hunger und Durst stellten sich auch langsam ein, so dass unser Sohn immer ungehaltener wurde. Er tigerte quer durch die Betten und war nicht mehr zu bändigen. Und ich lag wie Lazarus herum und konnte nicht eingreifen. Das Theater setzte sich fort, bis sein Vater von der Arbeit kam.

Oh je! So konnte es nicht weitergehen. Mit kurzfristiger Urlaubsgenehmigung sah es bei meinem Mann auch mies aus. Meine spontane Reaktion: Ab die Post – Eilbrief in die Heimat!

Hoffnungsvoll saß ich vorm Stubenfenster – allmählich musste ich wirklich wieder auf die Beine kommen – sehnsüchtig auf die Straße blickend, als ein Taxi vorm Hause hielt. Die Autotür ging langsam auf, und eine olivgrüne Tasche, die ich bestens kannte, glitt auf den Gehweg. »Sveni, Sveni, sie kommt, sie kommt!«, platzte ich noch heraus, bevor ich in Freudentränen ausbrach. Ich hatte es mir gewünscht und geahnt, konnte es aber nicht fassen, dass Mutti alles stehen und liegen gelassen hatte und zur sofortigen Hilfe hergekommen war. Wo sie doch so ungern verreiste? Alleine vom Dorf in die Großstadt? Und erst der Garten? Kaum zu glauben. Da hatte aber unsere Pate Klara Überzeugungsarbeit geleistet – ganz bestimmt!

Sie kam bei der »Affenhitze« mit rotem Kopf die Treppen hochgekeucht, und wir fielen uns in die Arme. »Wenn du noch eine Mutter hast…«, mehr sagte Mutti nicht zur Begrüßung.

Wir verstanden uns mit Blicken, und ich wusste, dass jetzt kurzer Prozess angesagt war.

Mutti sammelte unsere Siebensachen zusammen, und ab ging es mit der nächsten »Droschke« nach Hause in die Hartmannsdorferstraße.

Wir wurden bestens betreut, wie es sich im Krankheitsfalle gehört. Pünktliche Mahlzeiten und entbehrte Fürsorge. Mutti päppelte mich psychisch und physisch wieder auf, begleitete mich bei brütender Glutsonne zum Arzt und vieles andere mehr.

Sie wurde aber auch Augenzeugin der katastrophalen Zustände, die wir wegen unserer Teilmieterin ertragen mussten und überzeugte mich davon, dass unser Kind aus diesem Milieu wieder raus müsse und zwar sofort.

Oma Erna schnappte ihr grünes Täschchen und meinen »Seppeljungen« und entschwand – so schnell wie sie gekommen war – zurück nach Thüringen.

Da saß ich nun wieder alleine, noch krankgeschrieben, mit meinem Häkelzeug auf der Parkbank hinter der Taborkirche. Vor mir die dicke Esche mit der gähnenden Baumhöhle, Svenis Matchbox-Oldtimer-Garage, und ich heulte Rotz und Wasser.

Vergangen, vorüber! Die kurze schöne Zeit – ein sanfter Hauch Glückseligkeit!

Nothilfe angesagt!

Es kam eine neue Hiobsbotschaft, die verkraftet werden musste.

Meine Blutuntersuchungen im Gerinnungslabor der Universität Leipzig, die mein Frauenarzt angewiesen hatte, ergaben: Etwas war nicht in Ordnung. Diagnose: Willebrand-Jürgens-Syndrom, Faktor-VIII-Mangel – eine Blutgerinnungsstörung.

Aha! Jetzt klärten sich endlich meine Risikoentbindung und alle durchgemachten Schwierigkeiten auf.

Lange genug hatte ich mir von einigen Besserwissern anhören müssen: »Bescheiß dich nicht mit deiner Regel, das ist nun mal so!« Von wegen, ihr Klugscheißer! Sie war mein schlimmstes Handikap und hat mir eine gehörige Portion Lebensqualität geraubt – schon von Anfang an.

Ich bekam einen Nothilfepass, den ich seitdem immer mit mir herumschleppe. Ebenso die ständige Angst, von der ich nie wieder loskam, und blutstillende »Pamba«–Tabletten – auf Schritt und Tritt.

So ausgerüstet steuerte ich mit unserem Sohn an der Hand über den »Schmuckplatz« in Richtung Kindergarten »Altranstädter Straße«. Die Kastanienbäume blühten prächtig, und ich atmete so richtig tief und erleichtert durch. Endlich hatte ich mein geliebtes Kind wieder zurückerobert. Und das kam so: Unsere betagte Mitbewohnerin war auf dem Korridor in ihrem eigenen Kot ausgerutscht und hatte sich einen Oberschenkelhalsbruch eingehandelt. So weit musste es erst kommen. Glücklicherweise war ich zu Hause und hörte sie wimmern. Rannte zur nächsten Telefonzelle und verständigte den Notdienst. Ich begleitete sie auch mit der »SMH« ins »Elisabeth«-Krankenhaus und tröstete sie liebevoll wie eine Angehörige. Eine Schande, in welch verkommenem Zustand ich die inzwischen Fünfundachtzigjährige abliefern musste. Eine Schwester erzählte mir: »Wir mussten ihre Kleidung mit der Schere vom Körper abschneiden und entsorgen.«

Ich habe sie noch einige Male besucht und frische Blumen gebracht, bis sie nach mehreren Wochen Erlösung fand.

Aus diesem Grund bekamen wir nun die gesamte Wohnung zugesprochen und hatten für unseren Sohn ein Kinderzimmerchen zur Verfügung. Es war auch allerhöchste Zeit, dass unser Sven noch ein paar Monate in die Vorschule gehen konnte. Nach fünfjähriger Kindesbetreuung musste meine Mutter ihren Liebling nun endgültig freigeben, weil er im September 1973 eingeschult wurde.

Die ersten Schulwochen verliefen super. Sveni machte uns sehr viel Freude mit einigen »Bienchen«, die er für gute Leistungen nach Hause brachte. Der Himmel hing voller Geigen, bis er uns mit »Ziegenpeter«, also Mumps, überraschte. Eine Kinderkrankheit, dachten wir, nicht so schlimm. Aber es kam anders: Starke Kopfschmerzen und plötzliches Erbrechen signalisierten eine ernsthaftere Krankheit. Dankerfüllt erinnere ich mich noch genau an die spontane Hilfe unserer Nachbarsleute. Während ich mich zähneklappernd um unseren Sohn kümmerte, schnappte Frau Th. den Scheuerlappen und scheute sich nicht, Svenis unangenehme »Bescherung« zu beseitigen. Noch um Mitternacht fuhr uns ihr Mann, Herr Th., mit dem Trabi ins Bezirkskrankenhaus »St. Georg«, wo unser Verdacht bestätigt wurde: Mumpsmeningitis (Hirnhautentzündung).

Der Himmel schien über mir zusammenzustürzen. Ich konnte es nicht fassen. Infektionsabteilung! Keine Besuche! Ich litt wie ein gequälter Hund. Jeden Tag fuhr ich ins Klinikum und schlich um's Haus 10, wo er lag, um in seiner Nähe zu sein. Nach etwa drei bis vier Wochen war die Krankheit besiegt, aber sie hatte Spuren hinterlassen. Wir merkten nach der Heimkehr, dass sich unser Kind auffallend verändert hatte. Eine bittere Feststellung!

Die folgenden EEG-Untersuchungen ergaben, dass ein Cerebraldefekt des Großhirns geblieben war, der Konzentrationsschwäche und Verhaltensstörungen verursachte. Unfassbar!

Wir begannen in jeder Beziehung von vorne. Behutsam und ganz allmählich tasteten wir uns wieder an den Schulstoff heran.

Es muss eine Qual für ihn gewesen sein,

Mutter und Sohnemann nach seiner überstandenen Hirnhautentzündung

denn immer wieder legte unser Sohn seinen Kopf auf den Tisch und sah mich traurig an.

Beim Schreiben rutschte seine Hand übers Papier, und die Buchstaben, die vor der Krankheit wie gemalt aussahen, waren nur noch Kritzelei. Ich wusste oft nicht, wie ich richtig reagieren sollte. Selbst seine Psychologin konnte uns kein Rezept dafür geben. Man konnte schlecht erkennen, ob seine ausgeheckten Verrücktheiten, die durchaus auch gesunde Kinder fabrizieren, normal oder krankheitsbedingt waren. Damit umzugehen verlangte Fingerspitzengefühl, Geduld und starke Nerven.

Für den Schulhort war Sven nicht geeignet. Am Sportunterricht durfte er nicht teilnehmen. Erkältungskrankheiten sollte er möglichst nicht bekommen und, und, und…

Ich konnte nur noch Teilzeitbeschäftigungen nachgehen – während unser Sohn in der Schule saß. Die Folge war, dass unsere Moneten hinten und vorne nicht reichten und wir in Schwierigkeiten kamen. Mir wuchsen die Sorgen peu à peu über den Kopf. Die Last auf meinen Schultern war einfach zu groß. In dieser Bewährungsprobe ging meine Ehe langsam, aber sicher in die Brüche – wie es mir prophezeit worden war.

»Das Malheur auch noch!«, seufzte Mutti, als ich ihr es beichtete, und raufte sich die Haare. »Warte bitte mit der Scheidung, bis deine Schwester die Augen…« Sie brachte den Satz nicht zu Ende und weinte bitterlich.

Verblüht wie eine Rose

Verdammt in alle Ewigkeit? Bestimmt, denn in unserem Familienkreis ging doch nahezu alles schief.

Meine 36-jährige invalidierte Schwester Gunda war gerade aus München zurückgekommen und berichtete uns in schillernden Farben von ihrer Westreise: »Es war himmlisch, ich habe mich wie eine Prinzessin im Schlaraffenland gefühlt.«

Im Freudentaumel, noch überwältigt von ihren unzähligen Eindrücken – sogar der taufrische Hackepeter hatte es ihr angetan –, begann sie plötzlich zu hinken und konnte sich nach kurzer Zeit nur noch am Krückstock vorwärts bewegen.

Ihr überwunden geglaubtes Krebsleiden schlug erbarmungslos Alarm und versetzte sie in qualvolle Schmerzen. Die Metastasen hatten sich trotz Kobaltbestrahlung im ganzen Körper ausgebreitet. Nichts und niemand konnte ihr mehr helfen. Meine geliebte Schwester war rettungslos verloren – und sie wusste es. Nein! Nein! Nein! Wir standen alle Kopf.

Unsere Eltern zogen sofort zur Pflege ihrer schwerkranken Tochter nach Eisenach. Ihrem Wunsch folgend nicht im Krankenhaus, sondern zu Hause…

Unverzüglich wurde ein gebrauchtes Auto gekauft, damit meine Schwester von Tür zu Tür gebracht werden konnte, wenn die Nachuntersuchungen im Erfurter Bezirkskrankenhaus absolviert werden mussten, und damit sie von der Welt noch etwas sah.

Ich erinnere mich mit Gänsehaut an unsere letzte gemeinsame Spazierfahrt, als sie von Schmerzen geplagt in den Sicherheitsgurten hing und insgeheim von ihrer geliebten Thüringer Heimat Abschied nahm. Es war an einem sonnigen Winterwochenende. Wir fuhren langsam durch die verschneite, glitzernde Oberhofer Bilderbuchlandschaft. Im Autoradio sang Roy Black das Lied mit der kleinen Anita, und meine Schwester stimmte – so laut sie konnte – in den Refrain mit ein: »Schön ist es auf der Welt zu sein, sagt die Biene zu dem Stachelschwein…«, während ich auf dem Rücksitz vor Ergriffenheit schlotterte. Ich hatte ihren Hilfeschrei verstanden und fühlte mich, als säße ich mit im »sinkenden Schiff«.

Manchmal glaubte ich, den Verstand zu verlieren – wie in unserer letzten gemeinsam verbrachten Silvesternacht.

Ich war in Leipzig vor meinen eigenen Sorgen und Problemen ausgerissen und mit meinem schwierigen Kind und einem Pott mit Heringssalat bei unendlich größeren gelandet. Trotz alledem – ich musste meiner Schwester mit meinen bescheidenen Möglichkeiten Beistand leisten. Mir konnte sie ihre Ängste, Nöte und ihre Hoffnungslosigkeit anvertrauen, die sie vor Mutti verbarg, um sie zu schonen, weil sie rund um die Uhr Übermenschliches leistete und auch selbst kaum noch konnte. Unser ebenfalls angeschlagener Vater benötigte plötzlich auch noch Muttis Intensivpflege. Er verkraftete zuerst die ernste Situation seiner Tochter nicht mehr. Saß wie ein Häufchen Unglück im Sessel oder irrte durch die ungewohnte Bleibe und verwechselte sämtliche Türen.

Die Neujahrsglocken läuteten von der Nikolaikirche herüber. Langsam versammelten sich alle auf dem Balkon. Nur ich blieb mit meiner Schwester im Arm vorm Stubenfenster stehen, weil sie es so wollte. Gemeinsam blickten wir in den leuchtenden Feuerwerkshimmel. »Prost Neujahr, mein Schwesterchen!«, schluchzte sie leise. »Halt mich fester, fester, noch fester! Es ist das letzte Mal.«

Wie Recht sie doch hatte, meine tapfere Schwester. Verblühte in der ihr verbleibenden Zeit so schnell wie eine Rose.

Was war sie doch für eine attraktive Frau, wenn sie mit ihrem schwarzen Pudel, lackierten Fingernägeln und großen Schlapphüten wie eine Lady für »Hut-Resi-Weber« Reklame lief? Was für eine elegante Erscheinung.

Am Anfang war sie ein liebes, artiges und anhängliches Sonntagskind, welches Mama am Rockzipfel hing und nicht von ihrer Hand gewichen wäre. Nicht so ein Wildfang wie ich. Und am Ende eine mammutstarke Persönlichkeit, die in der Blüte ihres Lebens mit eiserner Geduld ihr grausames Schicksal ertrug.

Diese Gedanken schwirrten mir trostsuchend durch den Kopf, als ich ihren letzten Wunsch erfüllte: »Bring mir doch bitte noch meine Fingernägel in Ordnung.«

Als ich danach wiederkam, konnte sie mich nicht mehr sehen. Auch die wunderschönen, taufrischen Rosen nicht, mit denen ich sanft ihre Hand berührte. Aber sie tastete nach den Blüten und hauchte nur ein einziges – unser Schlüsselwort.

Sie hatte mich erkannt und sich bedankt.

Bittere Tränen

Obwohl wir 1977 kein Schaltjahr hatten, brachte es uns nur Schicksalsschläge.

Im Januar hatten wir unsere gute Pate Klara für immer verloren. Ende Juni meine geliebte Schwester Gunda mit 39 Jahren.

Meine Mutter zog, nach zweijähriger Pflege ihrer Tochter, mit meinem hinfälligen Vater von Eisenach zurück nach Neustädt. Samt Pudelhündin »Lore«, der treuen Begleiterin meiner verstorbenen Schwester. Sie trauerte mit uns. Suchte überall, jämmerlich jaulend, ihr Frauchen. Diese schrecklichen Szenen blieben mir nicht erspart, wenn ich, gerade geschieden, besuchsweise mit meinem Sohn aus Leipzig nach Hause kam.

Papa lag pflegebedürftig in der Sofaecke und machte sich mit seiner Taschenlampe bemerkbar. Möglicherweise kontrollierte er die Lichtanlage am »Wartburg«. Er war meistens geistig abwesend. Mutti kämpfte mit allerletzter Kraft weiter, um Papa nicht ins Pflegeheim geben zu müssen. Sie hat sich rührend um ihn gesorgt. Ich habe ihn nur geschniegelt und gebügelt im Oberhemd vorgefunden. Selbst schlich sie auf »Wasserbeinen« herum, was mir sehr bedenklich schien. Die Gemeindeschwester würde schon danach schauen, beschwichtigte sie mich fortwährend. Mutti dachte doch nicht an sich. Ihre Gedanken waren beim Unabänderlichen. Immer wieder berichtete sie mir über die grausamen letzten Stunden meiner Schwester und ließ sich nicht beruhigen. Sie fand keinen Trost. Gunda war die zweite Tochter, die ihr genommen wurde. Was ich auch sagte, nichts schien anzukommen. Ich fühlte mich elend und ohnmächtig. Stürzte mich in die anfallende Hausarbeit, um Mutti zu entlasten und selbst nicht zu verzweifeln. Doch was war das schon? Ein Tropfen auf den heißen Stein. Wir mussten wieder zurück, weil Arbeit und Schule auf uns warteten. Und dann war da noch die Abschiedszeremonie, die früher schon jedes Mal verlief, als müsse ich in den Krieg. Jetzt war sie noch dramatischer. Mir riss es fast das Herz aus dem Leibe, wenn wir aufbrachen und Mutti uns am Küchenfenster hinterher schaute, während ihre Tränen auf den Hof tropften. Ich lief die Eisfeldstraße rückwärts, winkend und heulend, bis wir um die Ecke bogen, und Mutti rief unaufhörlich: »Und kommt bald wieder, und kommt bald wieder!«

In tiefem Schmerz

Im Sommer 1978 verließ ich mit gemischten Gefühlen die Buchhandlung »Robert Blum«, in der ich etwa 10 Jahre in einem guten Kollektiv gerne gearbeitet hatte.

Ich war mir nicht sicher, ob es richtig sein würde, die Betriebsbibliothek des VEB »PGW« in meinem Wohngebiet zu übernehmen, weil ich durch die Vollbeschäftigung meinem Sohn erst nach 16 Uhr zur Verfügung stehen konnte. Außerdem schnitt ich mich ins eigene Fleisch, weil uns dadurch der gerichtlich festgelegte Zusatz-Unterhaltsbetrag vom Kindsvater verloren ging. Ich musste aber perspektivisch denken. Wollte unser Leben selbst in den Griff bekommen, unabhängig sein und diese einmalige Chance nicht verpassen. Mit verlockender, wesentlich günstigerer Arbeitszeit als im Handel!

Optimistisch – wie immer – stürzte ich mich ins neue Arbeitsvergnügen und habe es nie bereuen müssen.

Mein inzwischen zwölfjähriger Sohn hatte sich stabilisiert und schaffte es, täglich nach Schulschluss in meine Bibliothek zu kommen. So hatte ich ihn bis Dienstschluss unter Kontrolle. Da er eine Leseratte war, kam keine Langeweile auf. Hatte er die vorhandenen Kinderbücher »durchgeschwartet«, kamen wieder neue hinzu. Ich atmete vorsichtig und erleichtert auf und sah wieder Licht im Tunnel. Darüber würde sich Mutti bestimmt freuen, wenn sie meinen Brief bekäme. Doch keine Antwort. Das gab's noch nie. Stattdessen erhielt ich telefonisch Nachricht, dass Mutti krank neben Papa im Bett läge. Um Gottes willen! Was nun? Neue Arbeit, keinen Urlaub mehr – und die Schule! Himmelsakrament! Meine Berliner Schwester fuhr deshalb zuerst zur Hilfe in die Heimat. Ich wollte sie nach einer Woche ablösen, irgendwie. Doch ehe es dazu kam, erreichte uns die schockierende Mitteilung, dass meine Eltern im Krankenwagen nach Eisenach transportiert worden wären. Mutti ins Krankenhaus, Papa ins Pflegeheim. Höchste Alarmstufe! Das war sicher.

Fluchtartig schnappte ich meinen Sven und fegte los. Wie wir in den Zug gekommen sind, weiß ich nicht mehr, aber noch bestens, wie wir in Eisenach aus dem Bahnhof traten und nicht mehr vom Fleck kamen – wie in einem schlechten Traum.

Nachmittags, 9. Dezember: Glatteis weit und breit! Ein schlimmeres ist mir nie wieder unter die Füße gekommen. Wo wollten wir überhaupt zuerst hin? Natürlich zur Polizei, weil der Passierschein abgelaufen war. Das hatte es auch noch nie gegeben, weil Mutti immer rechtzeitig einen neuen beantragte. Im Zeitlupentempo schlitterten wir los. Es war kein Vorwärtskommen. Immerzu rutschten wir aus und hievten uns gegenseitig wieder hoch. Irgendwann hatten wir die Polizei erreicht: Geschlossen! Nein! Das war doch nicht möglich! »Herrgott, Marx und Lenin, wenn ihr mir jetzt nicht beisteht, dann könnt ihr mir alle gestohlen bleiben«, fluchte ich entnervt und vergaß meine gute Erziehung.

Jedenfalls rebellierte ich ungehalten, bis man mir Einlass gewährte. Setzte alles auf eine Karte und schaffte es, dass man mir meinen Passierschein verlängerte.

Wenigstens war nun die Einreise zur elterlichen Wohnung möglich, wo wir bereits erwartet wurden und übernachten würden. Zunächst kam aber der gefürchtete »Gang nach Canossa«. Eine weitaus größere Zitter- und Schlitterpartie – der Weg ins Krankenhaus.

»Und kommt bald wieder, und kommt bald wieder!«, hörte ich Mutti unterwegs immerfort rufen.

Hilf- und fassungslos standen wir am Krankenbett. Mutti hörte meine Stimme, schlug kurz die Augen auf und blickte nach links und rechts, wo wir uns befanden – und hat uns erkannt, bestimmt!

Am nächsten Tag wollten wir wiederkommen und auch Papa im Pflegeheim besuchen.

Wir waren gerade zu Hause in Neustädt eingetroffen, und meine Schwester begann zu berichten, als mein Cousin Rudi, inzwischen amtierender Ortsbürgermeister, uns die unfassbare Nachricht überbrachte, die das Krankenhaus telefonisch übermittelt hatte.

Ich saß auf der Holzkiste – wie versteinert.

Und mein lieber Vater im Pflegeheim? Er hat nicht mehr mitbekommen, dass seine Frau drei Tage vor ihm verschieden ist.

Wir waren schnell nach Leipzig zurückgekehrt. Ich befand mich gerade bei der »Betriebsgewerkschaftsleitung«, BGL, um bei meinem Vorgesetzten den gesetzlichen Sonderurlaub für die Trauerfeier meiner Mutter einzureichen, als mich seine Sekretärin rief: »Schnell, Telefon für dich.« – »Mein Vater?« Ich ließ den Hörer fallen und konnte die Tragödie nicht fassen, dass Papa auch noch… und nun nie mehr singen würde: »Alle Tage ist kein Sonntag«.

Am 15. Dezember 1978 fand in Eisenach die Abschiedsstunde für Mutti und Papa statt.

Ich habe es nicht geschafft, dabei zu sein. Aber ich war in unmittelbarer Nähe.

Im Leben sind meine Eltern nie zusammen im Urlaub gewesen. Jetzt gingen sie gemeinsam auf ihre erste und letzte Reise.

Innerhalb von drei Tagen hatte ich keine Eltern mehr, den Verlust meiner Schwester Gunda noch nicht verkraftet, meinen Mann erst verloren – und Weihnachten stand vor der Tür.

Mit unsagbarem Schmerz, meinem Sohn und ungewohnt leichter Reisetasche fuhr ich nach Leipzig zurück. Nur eine lange Salami kullerte in ihr herum, die uns meine liebe Pate Ilse spendiert hatte, mit der Bemerkung: »Für Weihnachten. Es ist die Sorte, die euch deine Mutter immer geschenkt hat.«

Das gefürchtete Weihnachtsfest kam und ging – und es war das schlimmste und traurigste, was ich je erlebt habe.

Es wurde immer kälter – Katastrophenwinter. Am Silvesternachmittag hatten wir bereits 25 Grad Minus.

Zum Jahreswechsel lud uns ein netter Arbeitskollege zu sich und seiner Familie ein, was ich ihm nie vergessen werde.

Obwohl mir unterwegs meine Schnupfennase zu erfrieren drohte, war ich doch so dankbar und empfand es als Segen, dass wir liebevoll aufgefangen wurden und nicht einsam und verlassen im Jahr 1979 ankommen mussten.

Seitdem sind 25 Jahre vergangen. Die Zeit hat meine Wunden nicht richtig heilen können. Sie sind viel zu tief und brechen manchmal aus heiterem Himmel wieder auf.

Noch immer belastet mich die Tatsache, dass ich nicht erkannte beziehungsweise dass mir die Schwester im Krankenhaus nicht schonend beigebracht hat, dass meine Mutter mit Wasser in der Lunge bereits im Sterben lag. Nie und nimmer wäre ich von ihrer Seite gewichen, in der letzten Stunde ihres Lebens.

Ich habe mein Mütterchen sehr geliebt, ja geradezu vergöttert, obwohl ich streng erzogen wurde und streckenweise beinahe militärischen Drill erfuhr. Heute bin ich dankbar, dass sie mich so stark und lebenstüchtig geformt hat.

Mutti hat immer nur das Beste für uns gewollt, ganz bestimmt!

Sie selbst war ohne Vater und mit mehreren Geschwistern aufgewachsen und hat als Kind schon funktionieren müssen. Um ihren Pflegebruder Willy kümmerte sie sich so liebevoll wie eine Mutter. Als blutjunges Mädchen musste sie bis zu ihrer Hochzeit in Eisenach bei fremden Leuten im Haushalt dienen. Das hat sie sehr geprägt. Ich habe sie oft reden hören: »Bei Kleinerts, bei Kleinerts, bei Kleinerts musste ich…« Ich war sprachlos über das, was sie dort erlebt hatte. Da sollte ich mich wegen meiner kleinen Fische beklagen? Ich hatte doch Augen im Kopf und sah, wie sich Mutti für ihre Familie aufopferte. Täglich gab es warmes Essen. Von wegen schnelle »Beutelsüppchen«, »Tempolinsen« und Co! Unverhoffter Besuch? Auch kein Problem für Mutti. Sie schob schnell eine Magenverstimmung vor und schon reichten selbst die rationierten Fleisch- und Wursthabseligkeiten aus dem grünen »Deppe«-Deputatbeutel. Später die Rouladen oder Ko-

Meine Mutter mit Pflegebruder Willy, der 1944 im Krieg fiel.

teletts. Ich schenkte meiner Schwester etwas, die reichte es an unsere Mutter weiter. Zum Schluss landete meine Dose Ananas, die ich im »Delikat«-Laden erstanden hatte, nach einer kleinen Rundreise wieder bei mir. Dabei wäre Mutti für Ananas mit Schlagsahne vom Nordpol zum Südpol gerannt.

Hatte ich nicht allen Grund, auf meine vorbildliche, perfekte Mutter stolz zu sein?

Meine Bibliotheksjahre im »PGW«

So konnte es nicht weitergehen. Ich musste unbedingt eine Strategie entwickeln, um mich nicht in meiner Trauer zu verlieren, nicht selbst auf der Strecke zu bleiben. Mein Sohn brauchte seine Mutter – und wie. Omi konnte nicht mehr aushelfen, wenn Not am Mann war. Ich beschloss nach ein paar Wochen, meine Trauerkleidung abzulegen und mich voll auf meine Arbeit zu besinnen. Mutti hatte mir doch immer ans Herz gelegt: »Wenn du denkst, du kannst nicht mehr, dann musst du am stärksten sein.« Auch meine Schwester Gunda hatte mich, als sie unheilbar krank wurde, mahnend gebeten: »Lebe, liebe, tanze!«

Und selbst hatte ich mir das doch auch oft genug geschworen, damals, als ich nach der Entbindung nur mit Ach und Krach überlebte.

Ich machte mir bewusst, dass ich doch eine schöne, neue Bibliothek übernommen hatte, in der ich alt werden könnte. Der Kontakt zu meiner ehemaligen Buchhandlung »Robert Blum« war nicht verloren gegangen. Als Vertriebsmitarbeiterin konnte ich dort noch immer Bücher für meinen Bibliotheksbestand und zum Verkauf besorgen.

Auch mochte ich es immer, mit den ehemaligen Kolleginnen ein Schwätzchen zu halten, besonders mit meiner erfahrensten und belesensten, Frau Forstreuter, die ich bis heute schätze und nicht aus den Augen verloren habe, trotz ihrer inzwischen 92 Jahre.

Meine »Blümchen«:
Kolleginnen der Volksbuchhandlung »Robert Blum« beim Betriebsausflug

Ebenfalls blieb ich mit meiner »Fischkopp-Andrea«, ihren Kindern nebst »Muhme« freundschaftlich verbunden. Sie alle haben in meinem Herzen einen festen Ankerplatz gefunden.

Weil meine Bibliothek günstig – da außerhalb des Betriebes – lag, konnte sie nicht nur von den 1000 Beschäftigten, sondern auch von Lesern des Wohngebietes, Freunden und Bekannten aufgesucht werden. Sie mutete wie ein »Tante-Emma-Laden« an, wenn die Glocke an der Eingangstür bimmelte. Es war schon beflügelnd, wenn sogar ehemalige Kunden aus der Buchhandlung auftauchten und gerne wiederkamen. So zum Beispiel die ehemalige Kindergärtnerin meines Sohnes, Frau »Holli«, die sich als mütterliche Freundin sah und zu meiner Verbündeten wurde. Durch sie machte ich die Bekanntschaft ihrer einstigen Berufskollegin, einer ebenfalls niveauvollen und guten Seele. Ich spreche von der backfreudigsten Frau, die ich kenne: »Frohnatur Krause«, die selbstlos bei Verwandten, Freunden und Bekannten zur Stelle ist, wenn sie spürt, gebraucht zu werden. Unverdrossen besucht sie schon jahrelang unsere inzwischen 91-jährige Frau »Holli« im Pflegeheim und zeigt wahre Freundschaft und Herzensbildung.

Geburtstag im Pflegeheim
Frau Hollinde und Frau Krause

Ich fühlte mich in meiner schmucken Bücherausleihstation richtig wohl. Rundherum Bücher bis unter die Decke, ganz nach meinem Geschmack. Regale voller Leben, Liebe, Leidenschaft, Musik und Tanz. Herz, was willst du mehr?

Innerhalb des kleinen Leseraumes befand sich hinter einem Vorhang eine kurze Treppe, die zur Gemeinschaftstoilette führte. Für die Mieterin der Anliegerwohnung und für mich. Das verborgene Treppeneckchen nutzte ich hauptsächlich als Garderobe und zum Deponieren meiner Bücherkisten. Gelegentlich verstaute ich dort aber auch getragene »Westklamotten« – kann ich ja heute verraten –, die meine Bücherraritätenlieferantin aus Leuna ranschleppte und die reißenden Absatz in meinem Kollegenkreis fanden. Unsere Mangelwirtschaft machte schon erfinderisch und förderte die Hilfsbereitschaft untereinander sehr.

Allmählich wurde meine Bibliothek zum beliebten »Wallfahrtsort«, wo alle Probleme der Welt ihre Lösung fanden. Ich glaube schon, dass ich großes Vertrauen genoss, welches ich auch nie missbraucht habe. Selbst für Spirituosen, die während der Arbeitszeit verboten waren, hatte jemand hinter den Büchern im Regal ein Versteck gefunden. Gewiss gab es auch »Experten«, die in der Bibliothek verschwanden, wenn sie keine Lust mehr zum Arbeiten hatten – aber das waren nur wenige. Dies war aber auch das kleinere Übel, gemessen an jenen Einkaufsfreudigen, die während der Arbeitszeit oder in überzogenen Mittagspausen durch die Gegend schwirrten.

Ich konnte durch mein Schaufenster sehr gut sehen, was der sozialistische Arbeitsalltag für Möglichkeiten und Spielräume bot. Jedenfalls braucht sich diesbezüglich niemand zu beschweren. Ehrlich: So furchtbar schlecht ist es uns arbeitsmäßig doch allen nicht ergangen – in der ungesunden sozialistischen Planwirtschaft!

Zur Frühstückspause marschierte ich täglich in die »BGL«, meine übergeordnete Dienststelle. Dort wartete meine fleißige, umsichtige und hilfsbereite Kollegin Ruth Krüger auf mich, langjährige Sekretärin, mit der ich immer noch Freundschaft halte. Wir verbrachten auch unsere Mittagspausen im Speisesaal zusammen und leisteten uns für 60 Pfennige eine warme Mahlzeit.

Wer »Schwein« hatte wie ich, erwischte als kostenlose Beilage auch mal eine verunglückte Kakerlake. Ich kannte mich in der »Unfallstatistik« der rasanten Plagegeister auf ihren Pisten in unserer Betriebsküche bestens aus, weil ich dort oft nach Dienstschluss aushalf.

Eines schönen Mittags hätte ich unsere gewerkschaftliche Tischzeit jedoch beinahe »verschlafen«. Das kam so: Mittwochs war unsere Bibliothek normalerweise immer geschlossen. Alle Gewerkschaftsbibliothekarinnen der Stadtbezirke trafen sich zur

Meine langjährige Kollegin Ruth Krüger

Beratung im Kreisvorstand des »Freien Deutschen Gewerkschaftsbundes«, FDGB, oder hatten Weiterbildung. An jenem Mittwoch war unsere Pflichtveranstaltung ausgefallen, und ich saß ausnahmsweise in meiner Bibliothek. Obwohl ich richtig ausgeschlafen hatte, wurde ich immer müder und döste hinter meinen Bücherstapeln rum. Unbegreiflich! Zum Glück kam der rettende Blitzanruf meiner Kollegin Ruth: »Essen!«

Ich wackelte langsam in den Speisesaal und klagte, dass ich hundemüde sei und mich unmöglich fühlen würde. Als ich zurückkam und meine Bibliothekstür öffnete, traf mich fast der Schlag. Es roch fürchterlich nach Gas. Sofort klopfte ich an die Tür der Anliegerwohnung, weil ich annahm, dass die Kartoffeln mal wieder übergekocht wären. Plötzlich stand ein Rettungssanitäter vor mir, den ich entgeistert und fragend anstarrte. Darauf er: »Suizid! Gasvergiftung! – Lüften! Und raus an die Luft!« Das war ein Schock, der mir wochenlang in den Knochen saß. Da kann ich von großem Glück reden, dass eine aufmerksame Hausbewohnerin den Gashahn wieder zugedreht hatte.

Froh und glücklich konnte ich auch darüber sein, dass sowohl der Betriebs- als auch der Ökonomiedirektor, Kurt Opitz und Werner Dehler, leidenschaftliche Kultur- und Bücherfreunde waren und sich entsprechend engagierten. Ohne von ihnen genehmigte Gelder hätten wir nie unseren tollen Betriebschor gründen, uns die gute Chorleiterin M. Sander leisten und sogar außerbetrieblich Furore machen können. Ich denke da an unser Weihnachtsliedersingen in der Mädlerpassage unterm Meißner Glockenspiel, an unsere Auftritte in Alters- und Pflegeheimen sowie Krankenhäusern. Oder an die feierlichen Verabschiedungen von Kollegen, die in den Ruhestand gingen.

Unserem »Künstler« Franke aus der Dekorationsabteilung konnten wir zuerst diese besondere Ehre erweisen, die uns mit dem mehrstimmigen »Dona nobis pacem« und anderen ausgewählten Liedern so richtig gelang. Wir sprechen heute noch darüber. Seine Frau Alice war ebenfalls unsere Arbeitskollegin. Ich bin mit beiden noch immer in alter Freundschaft verbunden, obwohl sie wesentlich älter sind als ich. Solche hilfsbereiten und gastfreundlichen Menschen findet man nur selten. Ich schätze sie sehr und bin dankbar für ihre ehrliche Anteilnahme, die sie mir in Freud und Leid erwiesen haben.

Familie Franke

»Meine« Bibliothek wurde allmählich zur Zentrale der gesamten Betriebskultur.

Auch die Theater- und Gewandhausanrechte lagen ausschließlich in meiner Hand. Dadurch kam auch ich in den Genuss, fast jedes Wochenende eine preisgünstige Musikveranstaltung besuchen zu können. Zwei Opernkarten kosteten traumhafte 12 Mark. Restkarten ließ ich trotzdem nie verfallen. Sie wurden an einsame Herzen verscherbelt, die ich diskret und so ganz nebenbei glücklich verkuppelt habe. Aber nicht weitersagen!

Automatisch wirkte ich als Bibliothekarin in der »Kulturkommission« unseres Betriebes mit, die mir festen Halt und Abwechslung bot. Ich denke gerne an unseren Kulturchef, an »Meister Ballin« und die übrigen fähigen Burschen in unserem Team, die Späße verstanden. Wir nahmen uns auch schnell mal selbst auf die Schippe: »Schneeflittchen und ihre Sexzwerge laden zum nächsten ›Ökulei‹ ein!«

Mindestens aller zwei Monate wurden »Ökonomische Leistungsvergleiche«, sogenannte »Ökuleis«, der Brigaden mit Geldprämien für die Sieger im Kulturhaus »Alfred Frank« – heute »Mätzschkers Tanzsäle« – durchgeführt, für welche die Kulturkommission verantwortlich zeichnete.

Genau diese Strecke lag mir, erfüllte mein Herz und meine Seele. Nächtelang tüftelte ich knifflige Quizfragen für unsere Wettstreite aus, die immer unter einem bestimmten Motto standen. Kein Problem, denn Gedenktage gab es in der DDR wie Sand am Meer. Ich war so ausgefüllt, dass es allmählich wieder aufwärts mit mir ging. Freute mich, wenn der Montag kam und ich wieder auf Arbeit gehen konnte. Wo ich überall umherpirschte?

Da waren Absprachen im Opernhaus oder im Rundfunk – Springerstraße – mit Sprecher Peter Zimmer zu treffen. Und das war für mich außerordentlich interessant. Ausgesprochen reizvoll fand ich auch die Besorgung von Kostümen im Verleih »Semmler« für unsere Veranstaltungen. Dort roch es nach Theater und Bühne. Hingen die schönsten Gewänder aller Modeepochen herum – ein faszinierender Fundus. Wenn wir für unsere Quizrunden eine Auswahl trafen, kam mein Blut in Wallung. Bezaubernde Märchenkostüme, Mönchskutten, Dreispitze und vieles andere mehr wurden an- und aufprobiert und mit anderen notwendigen Requisiten in Koffer gepackt und zum Austragungsort gefahren.

Noch aufregender war es für mich, wenn ich neben unserem Moderator Peter Zimmer, einem gestandenen Profi, mit dem Mikrofon agieren konnte. Das war eine Herausforderung, die ich genoss – so schwierig sie auch war. Mein leuchtendes Vorbild mit seiner einmaligen klangvollen Stimme hat mich trotzdem nicht an die Wand geredet. So ist Peter Zimmer. Immer bescheiden, freundlich und ohne Starallüren. Ich mag und schätze ihn sehr.

Oftmals führte ich auch alleine durchs Programm, wenn Peter Zimmer verhindert war. Ich hatte dann gewissermaßen alle Fäden in der Hand. Konnte rezitieren und singen nach Herzenslust. Etwas Besseres konnte mir nicht

Peter Zimmer
Heute: Moderator und Redakteur bei MDR Figaro

In Bühnenrobe

passieren. Stundenlang probte ich zum Beispiel zu Hause Lieder von Mireille Mathieu oder Chris Doerk, die ich zu imitieren gedachte. Rannte mit meiner Haarspraydose, die ich als Mikrofonersatz benutzte, wie eine Besessene durch unsere Gefilde und nervte meinen armen Jungen fürchterlich. Unser Plattenspieler leierte sich warm und wärmer und ich dazu immer dasselbe runter: »Meine Welt ist die Musik« und »Das macht der Zahn unsrer Zeit, Monsieur«. Bis meinem Sveni irgendwann der Geduldsfaden riss und er mich augenblicklich zum abrupten Abbruch meiner »Playbackshow« bewegte, indem er panikartig dazwischen schrie: »Hilfe, Notarzt!«

Für jede Veranstaltung ließ ich mir ein maßgeschneidertes Bühnenröbchen nähen, worin ich mich superschick und äußerst vorzeigbar fühlte. Obwohl ich die Ausschnitte nicht ganz so offenherzig gemocht hätte wie mein erster Begutachter. Das war immer der Mann meiner unvergessenen erstklassigen Schneiderin Gudrun Täubert. Ein gestandener, guter Chirurg des »Elisabeth«-Krankenhauses, der stets mit heller Freude dafür plädierte: »Schnippelt nur noch ein bisschen weg, kann nicht schaden!« Er durfte zur Strafe einige Patienten aus meinem Freundeskreis operieren. Zu ihrer größten Zufriedenheit!

Wir brachten auch herrliche Unterhaltungsprogramme mit namhaften Künstlern auf die Bühne, die bei der Konzert- und Gastspieldirektion Leipzig eingekauft wurden. Zum Beispiel die Sänger(in): F. Frohberg, Roland Neudert, Siegfried König, Uwe Jensen, Eva-Maria Pieckert. Oder die Conférenciers Günti Krause und F. O. Weitling. Letzterer bekannt wegen seiner mutigen politischen Äußerungen. Ich lernte viele Prominente kennen und plauderte mit den meisten. Wenn ich dann zum Beispiel hörte: »Schade, dass Sie der ›Quermann‹ (Talentevater) nicht erwischt hat«, ging es mir wie Honig runter.

Aus dieser Zeit ist mir eine kleine Episode mit dem reizenden Tanzpaar »Caray« besonders im Gedächtnis geblieben.

Wir suchten für unsere Veranstaltung »Welttheatertag« dringend ein Polka-Tanzpärchen, was wir absolut nicht auftreiben konnten.

Im Kulturhaus »Alfred Frank«:
Singend…

…und moderierend

153

Mehrere Male verhandelte ich mit einem Programmgestalter der Leipziger Konzert- und Gastspieldirektion, der mich mit sympathischer Stimme aus der Reserve lockte. Ich zog auch alle Register meiner Redekunst und frotzelte munter mit.

Siehe da! Plötzlich hatte er die »Carays« für unseren Polkaspaß gewinnen können, die mit ihrer erotischen Tanz-Show engagiert waren und ohnehin bei uns auftreten sollten. Sie freuten sich auf diese herausfordernde Abwechslung, denn mit ihrer klassischen Tanzausbildung war die von uns gewünschte Darbietung für sie keinesfalls alltägliche Routine. Nun gastierten sie aber gerade in der Nachtbar »Orion«, Helga Zerrenz mit ihrer sonoren Stimme übrigens auch. Wenn es mit dem Einstudieren noch klappen sollte, mussten Kostüme und Musikkassette dorthin gebracht werden. Ich war Feuer und Flamme und erklärte mich nur zu gern dazu bereit. Letztlich hing es bloß an dem verflixten Tonband, was noch im Übergabeköfferchen fehlte und auf schnellstem Wege vom Programmgestalter zu mir gelangen musste – nach Dienstschluss. Kurz und gut, mein Gesprächspartner bot sich an, selbiges bei mir zu Hause abzugeben. Okay! Kein Problem, dachte ich. Wer weiß, was das für ein alter Knacker ist? Vielleicht wirklich behindert, wie er es andeutete? Oder ein bedauernswert häßlicher Vogel? Das musste ergründet werden. Neugierig und unsicher geworden, sagte ich frech zu: »Eine Treppe, fremder Mann, falls Sie noch hoch kommen?« Beinahe hatte ich nun selbst den Termin verschwitzt, da ich wegen wichtiger Absprachen noch im Kulturhaus herumquirlte. Jedenfalls kam ich auf den letzten

Tanzpaar Caray in Aktion

Drücker zu Hause an. Absolut nicht empfangsbereit, wie mir mein Spiegelbild beim Händewaschen verriet, als es auch schon klingelte. Verdammter Mist!

Ich riss die kleine Fensterluke unserer Korridortür auf und war perplex. Sah nur sein Gesicht und verlor für Sekunden meine sonst so gut funktionierende Schlagfertigkeit. Muss wohl doch fest mit einer »Glöckner«-Gestalt gerechnet haben, dass mich das Gegenteil so sprachlos machte. Vorsichtig öffnete ich die Tür und schielte um die Ecke, immer noch auf das Erscheinen eines Krückstocks gefasst. Doch nichts dergleichen. Alles dran und etwa meine Altersklasse. Mein Herz schlug Purzelbäume.

»Hereinspaziert und mitgemacht!«, forderte meine wieder aufgetaute Klappe den Traumprinzen auf, der mich ebenfalls taxierte, daraufhin genauso schmunzeln musste wie ich und souverän eintrat. Der Streich war ihm perfekt gelungen. »Wart's nur ab, Henry Higgins!«

Ich gestehe, dass die Übergabe des »Polkatänzchens« unverschämt lange dauerte und bin mir sicher: Es war beiderseits mehr als nur Sympathie auf den ersten Blick.

Mein schöner Prinz erschien fortan häufig: Zwar nicht im flotten Polkaschritt, sondern gemächlich und selten allein. Mit der einen Hand schleppte er eine dicke Windeltasche, an der anderen hing sein zweijähriges »Goldsöhnchen«. Die Kindsmutter war als Sängerin oft auf Tournee, der Papi ebenfalls ausgebucht, so dass der Kleine zeitweise bei Tante Elke gut aufgehoben war. Die Scheidung der Kindseltern stand bereits ins Haus und hatte mit mir absolut nichts zu tun. Trotzdem kam ich mit der langwierigen Ungewissheit eines Tages emotional nicht mehr klar. Der kleine Marc sagte schon »Mami« zu mir, was meinen Sohn verstimmte und auch für ihn nicht gut war. Eine an die Nieren gehende Zerreißprobe. Nichts mehr für meine Nerven!

Kurz entschlossen, aber mit großer Wehmut, denn ich liebte Vater und Kind, beendete ich Knall und Fall unser Verhältnis, das so märchenhaft und viel versprechend begann.

Aus und vorbei für die Ewigkeit? Da schweigt des Sängers Höflichkeit.

Unsere »Highlight-Polka«, die die »Carays« neben ihrer übrigen perfekten Erotik-Tanz-Show mit Bravour gemeistert haben, wird wohl noch mein ganzes Leben lang hin und wieder durch meine Träume tanzen.

Blumen vom BGL-Vorsitzenden Horst Klose nach gelungener Veranstaltung.

Der Friederich, der Friederich…

Auf der Suche nach privatem Glück fielen mir noch etliche Stolpersteine vor die Füße.

Mangel an Bekanntschaften hatte ich nie. Zur Auswahl standen genügend Kandidaten – attraktive und intelligente Männer: Lehrer, Ärzte, Diplomingenieure, ein Journalist, ein Schriftsteller und sogar ein verwegener Rennfahrer –, auf die ich aber allesamt enttäuscht verzichtete. Immer entpuppte sich das gleiche Elend: Verheiratet! Mein Lebensdrama!

Als ich mir geschworen hatte, dass mir die Mannsbilder ein für allemal den Buckel runterrutschen könnten, lief mir ein »XXL-Typ«, ein Kollege, über den Weg. Oberflächlich betrachtet, gefiel er mir bestenfalls seiner stattlichen Größe wegen. Seinen zynischen »Humor« fand ich schrecklich und seine langsame Gangart ebenso. Doch was kaum zu glauben war: Geschieden!

Da nahm ich ihn etwas genauer unter die Lupe und stellte fest: »goldene« Hände und ein gewissenhafter, ordnungsliebender Fachmann. Nicht uninteressant, aber schwierig, wie mir seine Frau Mutter »mutgebend« offenbarte. Eine reizvolle Herausforderung für mich großes »Widderschaf«. Vielleicht ein väterlicher Freund für meinen Sohn? Bestimmt! Und schon war ich wieder in meinem Element gelandet. Den kriegste hin, wäre doch gelacht! Möglicherweise hatte meine Mutter sogar Recht: »Von einem schönen Teller allein, isst man sich auch nicht satt.« Und im Übrigen hatte ich von »Gigolotypen« ohnehin die Nase gestrichen voll.

So wagte ich, ohne langwierige Tiefenprüfungen anzustellen und ewig abzuwarten, hoffnungsvoll den mutigen Schritt in den Ehehafen – zum zweiten Mal.

Die Liebe kam zwar nicht so blitzartig wie meine teuflischen Hexenschüsse, aber immerhin! Ich war ja auch keine »20« mehr. Kaum verheiratet, verschlechterte sich der Gesundheitszustand meines Mannes erheblich. Seine chronische Hepatitis, die er von der »Druschba«-Erdöltrasse aus der Sowjetunion mitgebracht hätte, verschlimmerte sich enorm und erforderte, seine Tätigkeit als Auslandschefmonteur zu beenden. Zack! Eine neue Problemkiste war geöffnet. Sta-

Hochzeit am 27. September 1980

156

tionäre Aufenthalte im »St.-Georg«-Krankenhaus folgten. Ich war nun wieder ständig auf bekannten Wegen. Musste sie ja wegen der EEG-Kontrolluntersuchungen meines Sohnes auch immer noch gehen.

In der Adventszeit dramatisierte sich der Zustand meines Mannes zusehends. Alle Symptome deuteten auf »Zucker« hin, was mir aber nicht geglaubt wurde. Er meinte, dass es damit Zeit hätte bis zum nächsten Arzttermin im neuen Jahr. Er müsse doch noch einige versprochene Räuchermännchen bis zum Fest drechseln. Das war zwar ehrenwert, aber unverantwortlich, fand ich, in Angst und Sorge. Der Stollen, die Weihnachtsplätzchen – die geballte Ladung Süßigkeiten? Unmöglich!

Deshalb sorgte ich heimlich dafür, dass mein Mann noch vor den Feiertagen unverzüglich beim behandelnden Arzt im Krankenhaus »St.Georg« antanzen musste. Widder überlistete Stier und rettete ihm so möglicherweise seine »Hörner«.

Diagnose: Hochgradiger Diabetes. Sofortige Krankenhauseinweisung, Insulineinstellung und ein Jahr Arbeitsunfähigkeit.

Wie gut war es nun, dass ich die Fahrerlaubnis in der Tasche hatte und mit unserem Lada die schwierige Phase bewältigen konnte. Was in meiner Kraft stand, habe ich selbstlos an Hilfe und Fürsorge gegeben. Trotzdem war unsere Verbindung leider zum Scheitern verurteilt – aus mehreren Gründen. Gute Freunde kennen sie. Wissen auch, dass ich mich lange gesträubt habe, unsere Ehe zu revidieren. Seine Krankheit war jedenfalls nicht die Ursache, dass ich mich nach sechs Jahren doch zur Scheidung durchgerungen habe – mit allen Konsequenzen! Es liegt mir fern, meinen Exmann »durch den Kakao zu ziehen«. Denke viel lieber an die guten Momente unserer Zeit. Einen perfekteren Handwerker hätte ich jedenfalls nicht finden können. Er war ein Ass! Hat unsere gesamte Wohnung in ein Schmuckstück umgestaltet. Die Küche war durch ihre rustikale

Meine treuen Freunde Inge und Jörg Engelmann

Holzverkleidung das gemütlichste Plätzchen, in der alle Gäste mit Vorliebe Wurzeln schlugen. An erster Stelle unsere lieben und lebenslustigen Theaterfreunde »Engelmann«, Hallenser Urlaubsbekannte, die heute noch mit mir in Verbindung stehen.

Ich wusste die Fähigkeiten meines Mannes sehr zu schätzen und bin dankbar für sein kreatives Schaffen während unserer Ehe. Seine Räuchermännchenkollektion war einsame Spitze!

Aber einen ehrlichen Satz der Kritik kann ich mir doch nicht verkneifen: Ich habe seine Verhaltensweise mir und meinem Sohn gegenüber nicht mehr verkraftet – Punkt.

Mein »Waterloo«

Da saß ich nun vor meinem Scherbenberg – im wahrsten Sinne des Wortes – in der gähnenden Leere unseres Wohnzimmers.

Mit dem letzten Geschirr, welches nach meiner großzügigen Wirtschaftsteilung übrig geblieben war, geriet ich aus der Kurve und rauschte mit Karacho vor die nächste kahle Stubenwand. »Nun hat die liebe Seele endgültig Ruh'«, hörte ich meine Mutter im Geiste sagen.

Vom Fußboden aus betrachtet fand ich, dass die leer stehende Bude bestenfalls noch eine gute Garage für meinen neuen Trabbi abgeben würde. Was sollte ich sonst hineinstellen? Womit neue Möbel bezahlen? Ratlose Überlegungen.

Kurz zuvor, eigentlich zum richtigen Zeitpunkt, war meine zwölfjährige Autoanmeldung doch tatsächlich realisiert worden, die ich eigentlich nur aus Quatsch einmal abgegeben hatte. Anmeldungen waren ja immer gut. Bei unseren langen Wartezeiten? Es war ein ganz großer Tag, als ich mein erstes eigenes Auto kaufte. Ich war so aufgeregt, dass mein Sohn die »Limousine« heimfahren musste.

Alles wunderbar, aber danach war »Matthäi am Letzten«! Ich hatte mich beinahe »bis aufs Hemd ausgezogen«, um mein kleines »Moppelchen« bar kaufen zu können, welches mich leichter durchs »Jammertal« bringen sollte. Sämtliche Wertsachen, vom Pelzmantel über Fuchspelzkappen und Kristall bis hin zum gesamten Goldschmuck habe ich wehmütig verscheuert. Außerdem mir meine Lebensversicherung auszahlen lassen. Nix mit Kredit wie heute. Ohne Bezahlung kein Auto.

Mein Trabbi war also – nebenbei bemerkt – kein Abschiedsgeschenk meines Exgatten, wie sich Unwissende ausmalten, wenn sie mich damit angeknattert kommen sahen. Ich hatte keinen schnellen Lada mehr unterm Hintern, aber es rollte.

Meine »Rennpappe« brachte mich auch immer ans Ziel – und wie!

Mein Sohn hatte inzwischen seine »berufsgelenkte« Schlosserlehre in meinem Betrieb »PGW« längst abgeschlossen. Ich war froh, dass alles gut verlaufen war. Er stand nun auf eigenen Füßen. Noch glücklicher stimmten mich aber seine EEG-Untersuchungsergebnisse, die keine krankhaften Veränderungen mehr aufwiesen. Mir fiel eine Zentnerlast von der Seele.

Täglich sahen wir uns im Vorbeigehen oder in meiner Bibliothek. Zur Frühstückspause immer, denn die knusprigen, frisch belegten Bäckerbrötchen vom Mütterlein schmeckten nach wie vor meinem »dicken Kater« gut. Ich schaute immer hinterher, wenn er mit dem Frühstücksbeutel um die Ecke bog, zurück zu seinem Arbeitsplatz. So hätte es ewig bleiben können. Was erhoffte ich mir nicht alles von unserer neu gewonnenen Zweisamkeit? Endlich ein fröhliches Familienleben! Nachholen, was wir in den letzten Jahren versäumt hatten. Pustekuchen!

Svenis kleine Freundin hatte verständlicherweise bessere Karten in der Hand als ich. So kam es schneller als gedacht, dass mein Sohn zu ihr zog und 1987 heiratete. Sie wohnten zwar in der Nähe, aber trotzdem musste ich damit fertig werden, dass ich meistens mutterseelenallein in unserer leeren Wohnung saß. Was ich nicht ahnte: Es sollte noch viel dicker kommen!

Zunächst kam mir aber erst einmal meine langjährige, ebenfalls allein lebende Freundin Jutta zu Hilfe, die mein erneuter Schiffbruch nicht kalt gelassen hatte. Erst recht nicht dazu ermutigte, ihren Familiestand doch noch zu ändern. Eigentlich nur darin bestärkte, dass sie keinesfalls schlechter als ich gefahren war. Zumindest war sie finanziell in glücklicherer Lage als ich und konnte mir beim Kauf eines neuen Wohnzimmers mit einer Leihgabe unter die Arme greifen. Dafür bin ich ihr noch immer dankbar.

Tschüss, Kinder!

1989 – Wer erinnert sich nicht an diese historische Jahreszahl? Jeder auf seine Weise. Freud und Leid wechselten so schnell wie die Farben eines Chamäleons. So habe ich es jedenfalls mehrfach empfinden müssen – in diesem bewegten Kalenderjahr.

An einem Junitag standen die Sterne wieder einmal äußerst ungünstig für mich.

Das gefürchtete Abschiedsstündchen von Sohn und Schwiegertochter, die auf gepackten Koffern saßen, war gekommen. Ich schaute ein allerletztes Mal hoch zum Fenster der Klarastraße 10 und winkte meinem Sohn zu, der noch aus dem Fenster schaute. Ich stand wie angewurzelt auf dem Gehweg. Dann quälte ich mich davon und wankte bitterlich flennend heimwärts.

Unschwer zu erraten, dass es sich nicht um eine gewöhnliche Reiseverabschiedung gehandelt hat.

Nein, ganz gewiss nicht! Meine Kinder wollten zwar verreisen, aber nicht zurückkommen. Für immer und ewig ausreisen – ins Gelobte Land ihrer Wünsche, Hoffnungen und Träume.

Was konnte ich, das leidgeprüfte Mütterchen, noch dagegen ausrichten? Sie waren nicht mehr aufzuhalten und selig mit ihren Ausreisepapieren, auf die sie für ihre Begriffe lange genug gewartet hätten.

Von Herzen wünschte ich meinen Kindern alles Glück dieser Welt. Aber ich war enttäuscht, weil ich diese Lebensentscheidung von meinem Sohne nicht erwartet hätte. Nachdem er meine Befürchtungen auch immer zurückgewiesen hatte. Ich wusste zunächst nur vom Ausreiseantrag meiner Schwiegertochter und bekam erst von unserem Kaderleiter die Schreckensbotschaft serviert, dass mein Sohn ebenfalls die Ausreise beantragt hätte. Ich fühlte mich wie vor den Kopf gestoßen.

Mein großes Kind, das Einzige, was mir geblieben war, ließ mich ganz allein. Mir war, als würde mir das Herz aus meiner Brust gerissen. Wann würden wir uns wieder sehen können?

Wann? Wann? Wann? Vielleicht in 20 Jahren, wenn ich als Rentnerin offiziell in die BRD fahren dürfte? Bange Fragen, auf die es keine trostspendende Antwort gab.

Der Sonderzug für Ausreisende fuhr um Mitternacht vom Leipziger Hauptbahnhof ab. Dieses Szenario ersparte ich mir, denn das wäre für mich die Hölle geworden.

In Gedanken verfolgte ich aber jede Minute dieser Zugreise. Sie führte durch meine Thüringer Heimat. Keine Strecke kannte ich besser als diese.

Die Bilder vor meinen Augen wechselten schnell – wie im Film. Mal sah ich meinen kleinen »Seppeljungen« auf meinem Schoß sitzen und aus dem Zugfenster blicken – wie damals, als wir zusammen nach Neustädt fuhren. Dann in unserem Schaukelstuhl sitzen, mit einer Schüssel in den Händen, die er wie ein Lenkrad drehte, wenn er zu Omi und Opa raste und ich mitspielend aus der Küche rief: »Sveni, wo bist du jetzt?«

»Schon in Erfurt, Mami!«, tönte es aus dem Wohnzimmer zurück.

Vielleicht waren sie wirklich gerade in der Blumenstadt angekommen? Bestimmt stehend, dicht zusammengedrängt wie die Heringe. Mit ihrem kleinen Rüden »Eddy« im Arm. Den lieben Kerl würde ich sicher auch bald vermissen. Wenn ich doch nur die Notbremse ziehen könnte. Schwachsinn! Es würde ja doch niemand aussteigen.

Egal welcher fromme Wunsch mir auch noch einfiel, der Zug rollte immer weiter, gnadenlos weiter über die Grenze in dieser schrecklichen schlaflosen Nacht.

Und stundenlang hörte ich noch sein dröhnendes »Rom, Tarom, Tarom« – bis ich sie am Morgen angekommen glaubte.

Familientreffen in der CSSR

Himmelhochjauchzend verliefen die ersten Wochen für meine Kinder im »goldenen Westen« natürlich noch nicht. Das konnte ich mir nach ihren ersten Briefen auch lebhaft vorstellen. Sie mussten ja in jeder Beziehung bei Null anfangen. Immerhin hatten sie in Leipzig eine komplette, schöne Wohnung aufgelöst und ihren neuen Lada verkauft.

Wie auch immer, sie kamen schnellstens auf die gute Idee, ein Wiedersehen mit ihren Angehörigen herbeizuführen. Es hieß: Wir treffen uns alle in der Tschechei. Ich konnte es nicht fassen, wie das funktionieren sollte.

Zum besseren Verständnis muss ich erwähnen, dass auch die Schwester meiner Schwiegertochter samt Familie ausgereist war.

In einer herrlich gelegenen Bungalowsiedlung Böhmens würden wir uns alle wieder begegnen.

Nur Mütter können wirklich nachempfinden, wie ich mich darauf freute. Drei Nächte vorher konnte ich schon nicht mehr schlafen.

Als der ersehnte Tag herankam, starteten wir in Leipzig mit drei

Der »Denver-Clan« vorm Bungalow:
Mein Sohn Sven – erste Reihe, rechts

Autos. Voll beladen düsten Eltern, Partner, Tante Margot und ihr Karnickelbraten dem böhmischen Ziel entgegen. Vorneweg die schnelleren Wagen und ich wie eine »Gesengte« mit meinem Trabbi hinterher. Mein armes Moppelchen! Wie habe ich es bergauf geschunden, um nicht abgehängt zu werden. Als »mein Kleiner« aber beängstigende Rauchschwaden produzierte, musste ich mein »Aus« signalisieren – kurz vor dem Endziel. Himmelsakrament! Ich »Pechmarie«! Unsere Fahrzeugkolonne kam zum Stehen. Grimmige Gesichter! Aber das Rennen ging weiter, als sich mein heiß gefahrener Reifen abgekühlt hatte. War ich doch in der Hitze des Gefechtes tatsächlich mit halbangezogener Handbremse losgerast. Das war ja noch mal gut gegangen.

Wir erreichten unseren Treffpunkt trotzdem noch vor der Ankunft unserer Kinder. Warteten und warteten, bis die Abenddämmerung anbrach. Alle zogen sich langsam zurück, was ich überhaupt nicht begreifen konnte. Nur ich harrte gespannt und kribbelig mit meinem »Schulmeisterlein« am Straßenrand aus. Wo blieben sie denn nur? Hoffentlich war nichts passiert. Vorfreude und Angst wechselten sich in mir ab.

Doch, dahinten in der Kurve sah ich zwei Autos. Das könnten sie sein. Sie fuhren etwas langsamer. Das erste Fahrzeug rauschte vorbei, hielt dann aber doch. Ein alter BMW. Das zweite bremste, ein Ford Granada. »Westautos« – das mussten sie sein. Ich bibberte vor freudiger Erregung und stürzte mutig darauf los. Sie waren es wirklich. Hurra!

Mich überfiel eine unbeschreibliche Wiedersehensfreude und mir war, während ich meinem Sohn um den Hals fiel, als hätte ich ihn zum zweiten Mal geboren.

Sehnsucht

Nach unserem Familientreffen in der Tschechei machte mir die Sehnsucht nach den Kindern wieder intensiv zu schaffen. Besonders, wenn ich an ihrer ehemaligen Wohnung vorbeifuhr – wie auf ein Wunder hoffend. Doch immer dasselbe: Niemand schaute aus den Fenstern, die mich dunkel und verlassen anstarrten.

Ich musste mich damit abfinden, dass für mich nun auch das bekannte Lied zutraf, was ich oft genug im Radio gehört hatte: »Wir können uns nur Briefe schreiben.« Dass ich einmal in diese Situation kommen würde? Ich hätte geschworen – nie!

Nun begann ich sogar, die Grenze, die ich nie geliebt habe, richtiggehend zu hassen, weil sie auch mir im Wege stand – wie vielen anderen Menschen. Solange man nicht selbst betroffen ist, findet man im Leben alles gar nicht so schlimm. Geht es einem aber selbst nahe, sieht die Sache ganz anders aus. Die Erfahrung machte ich nicht zum ersten Mal. Oft genug hatte die Sonne ja schon an mir vorbeigeschienen. Trotzdem habe ich immer wieder die Kurve gekriegt und nie aufgegeben. Und jetzt? Ich war am Boden. Bis ich mich selbst anbellte: »Krügerin, raffe dich endlich auf, reiß dich zusammen, damit du aus diesem Tief auch wieder herausfindest!« Und es funktionierte tatsächlich – wie aus heiterem Himmel: »Moppelchen, ich hab's! Wir werden sie besuchen, einfach besuchen«, verkündete ich erleichtert meinem Trabbi – ja, ich spreche wirklich mit meinem Auto – während ich in Gedanken schon meine restliche West-

Mein »Moppelchen«

verwandtschaft durchging. Tante Magdalene in Wommen – müsste die nicht über achtzig Jahre sein und bald Geburtstag haben?

So schnell wie mir diese Erleuchtung kam, hatte ich Einladung und Geburtsurkunde von ihr aufgetrieben. Mein cleverer Cousin Fritz hatte bestens mitgespielt und alle Formalitäten für meine alte Tante geregelt. Ich konnte einen Reisepass beantragen, mit welchem ich über Hessen ganz bestimmt in der Pfalz bei meinem Sohn und meiner Schwiegertochter Annett aufkreuzen könnte – überraschenderweise. Was für glänzende Aussichten?

Vorausgesetzt, dass die Staatsmacht mich fahren ließ, was man ja nie genau wusste.

Geburtsurkunde.

Nr. *1923.*

Görlitz, am *19 Dezember* 19*15.*

Perſönlichkeit nach

―――――― *be* kannt,

Ludwig

――――――

e an, daß von der

ſeiner

――――――

ifer Religion,

――――――

――――――

――――――

――――― *des* Jahres

xxxx mittags

um ayt ―――――――――――― Uhr ein *Mädchen*

geboren worden ſei und daß das Kind ――――― *ſie* Vornamen

Hiermit wird amtlich beglaubigt, daß die vor-/ur-
stehende Abschrift/Ablichtung mit der vorgelegten
Urschrift / Ausfertigung / beglaubigten / einfachen
Abschrift/Ablichtung der/des
Geburtsurkunde
übereinstimmt.
Die Beglaubigung wird nur zur Vorlage bei
DDR - Behörden
erteilt.

Herleshausen, *02.10.1989*
Der Gemeindevorstand
der Gemeinde Herleshausen

Im Auftrag:

Roß (5

geboren worden ſei und daß das Kind

Fanny Maria Magdalena

erhalten habe. ―――――

――――――

――――――

Liebe Ethel!

Zu meinem Geburtstag am 16. Dezember
lade ich Dich recht herzlich ein.
Alles andere dann mündlich.

Es grüßt herzlich

Magdalena

Daß
zu Ge

Deutschland, einig Vaterland!

Während ich hoffnungsvoll auf meinen Reisepass wartete, gleichzeitig aber auch ängstlich um ihn bangte, stürmten Tausende Leipziger in die Innenstadt zur »Montagsdemo«. Die Lage hatte sich zugespitzt und wurde immer prekärer.

»Vielleicht verändert sich doch bald etwas zum Positiven«, hatte ich noch hoffnungsvoll meinem Sohn in der CSSR vor unseren Rückreisen gesagt.

Es sah inzwischen wirklich ganz danach aus. Trotzdem hatte ich große Angst um den Ausgang der Dinge.

Mein Kopf glich einem aufgezogenen Brummkreisel, als ich, wegen der Passnachfrage von der Polizei kommend, auf regennassem Kopfsteinpflaster ins Rutschen kam und meinen Trabi »in Klumpen« fuhr. Futschikato! Mein letzter Strohhalm war auch noch umgeknickt.

In irgendeiner Zeitung stand kurz darauf: »Trabbifahrerin hat Multicar umgeschubst«. Ich war untröstlich. Hatte noch nie einen Kratzer verursacht, geschweige denn einen Unfall verursacht. Dazu gesellte sich der nächste Schock, denn die Autowerkstatt teilte mir knallhart mit, dass die Reparaturarbeiten ewig dauern könnten. Die leidige Ersatzteilfrage! Ein paar Monate müsste ich schon auf mein Moppelchen verzichten, wenn es wieder ein Auto werden solle. Schöne Bescherung! Und wir wollten doch zusammen in die Pfalz kutschieren. Aus der Traum!

Doch da geschah ein Wunder: 9. November 1989!

Meine Freundin Christine war gerade zu Besuch bei mir. Wie immer debattierten und schnatterten wir um die Wette. Nebenher lief zum Glück leise der Fernseher.

Plötzlich bekamen wir mit, dass Menschen aus Ost und West mit »Rotkäppchen«-Sekt und Champagnerflaschen zum Brandenburger Tor eilten und sich in den Armen lagen.

»Mensch, Christine, das ist eine Livesendung aus Berlin.«

»Lauter, lauter!«, schrie sie mich entgeistert an und sprang aus dem Schaukelstuhl. Wir klebten am Bildschirm und trauten unseren Augen und Ohren nicht: Die Mauer! Das schreckliche Monster war gefallen. Und wir »Schnattergusten« hätten beinahe die historische Wende Deutschlands verquatscht.

Christine war nicht mehr zu halten, raste mit ihrem Auto sofort heim nach Leuna und ließ mich mit meinen Emotionen und dem »vereinten« Deutschland sitzen.

Ich bin in dieser Nacht nicht mehr zum Schlafen gekommen. Erst im Laufe des neuen Tages konnte ich fassen und anerkennen, nachdem ich das Unglaubliche zigmal gehört und gesehen hatte, dass die DDR gescheitert war. Die DDR, für die ich mich mein ganzes Leben in guter Absicht eingesetzt und aufgeopfert hatte. Ich dachte an die sinnlos verpulverten Freizeitstunden. Zum Beispiel an meine unfreiwilligen »Rettungseinsätze« als »Wahlschlepper«, schwitzend treppauf und treppab, die außer einer saftigen Angina und Beschimpfungen absolut nichts gebracht hatten. Oder daran, dass ich in größten finanziellen Schwierigkeiten sogar Flaschen, Gläser und Papier zum »Rumpelmännchen« geastet hatte, um meinen Parteibeitrag noch zahlen zu können.

Schmerzliche Gedankenblitze, die aber von Freudentränen weggespült wurden.

Letztlich zählte nur noch, dass auch ich von dem Übel Reiseverbot, was ich glücklicherweise nur kurzzeitig verkraften musste, erlöst wurde und dass die Trennung von meinen Kindern und die aller Deutschen in Ost und West endgültig vorbei war.

Auf nach Hof!

Weihnachten 1989 stand fast vor der Tür – das erste im geöffneten Deutschland. Waren das rosige Aussichten.

Meine Kinder zum Fest wieder in Leipzig – was für ein Geschenk!

Ich beabsichtigte – wie ursprünglich geplant – sie vorher in der Pfalz zu besuchen, nur ohne Reisepass und mit der Bahn.

Zuerst gondelte ich aber mit einer siebzigjährigen Nachbarin im proppenvollen Zug nach Hof. Ein Wahnsinn!

Zwar nicht mit handaufhaltender Begeisterung, aber schließlich konnte ich das Begrüßungsgeld für meine bevorstehende Urlaubswoche bei meinem Sohn gut gebrauchen. Das redete ich mir ein, kam mir aber an Ort und Stelle dann doch wie ein Bettler vor.

Als wir im Supermarkt vor den überfüllten Regalen standen, lief es mir eiskalt den Rücken runter. Ob ich mich an so viel Überfluss gewöhnen könnte? Als ich die verschiedensten Ananaskonserven musterte, habe ich erst einmal eine Runde geflennt und gedacht: Mutti – Ananas mit Schlagsahne – deine Welt! Wenn du das doch nur noch erleben könntest.

Ich habe kaum etwas kaufen können. Meine Bekannte hatte damit kein Problem. Werde nie vergessen, wie entsetzt ich war, als sie ihre »Übersee«-Tasche nur mit Bananen vollstopfte und diese danach nicht mehr schleppen konnte. Sie wollte sich einmal daran richtig satt essen, bis es ihr zu den Ohren rauskäme. Ich höre noch heute das Schleifen der schweren Bananenfracht, die wir auf unserem mitternächtlichen Heimweg durch die Gießerstraße Leipzigs abwechselnd hinter uns herzerrten.

Reise in die Pfalz

Endlich war es soweit.

Mit meinem neuen Partner, dem Gitarre spielenden, trink- und sangesfreudigen »Schulmeisterlein« alias »Heinzelmann«, saß ich, sein »Tautröpfchen«, in aller Herrgottsfrühe aufgeregt und gespannt im Zug nach Frankfurt am Main.

Weil ich »ganzbeinig« und mit vollständigem Handgepäck ankommen wollte, hatte ich ihn mir vorsichtshalber als Begleitperson mitgenommen – auf meiner ersten großen »Westreise« nach Albisheim.

Es war zugleich angenehm, aber auch befremdend, als wir durch meine Thüringer Heimat fuhren und weder in Eisenach noch in Gerstungen, wie gewohnt, aussteigen mussten. Dass keine Pass- und Passierscheinkontrollen stattfanden und wir ohne Hindernis in den sogenannten »Westen« rauschen konnten.

Aber ich ertappte mich dabei, dass ich in Gerstungen doch nach meiner Tasche grabschte, als müsste ich Personalausweis und

Das »Schulmeisterlein«

das rosafarbene »Teufelsscheinchen« für die Transportpolizei zücken, wie ich es jahrelang praktizieren musste. Beim Blick aus dem Zugfenster erfasste mich ein befreiendes Gefühl, die schreckliche Abriegelung des Interzonenbahnhofes nicht mehr vor der Nase zu haben. Verschwunden waren auch die Zollbeamten mit Spürhunden, welche in der Grenzregion den bezeichnenden Spitznamen »Kistenknacker« am Hals hatten.

Ich versuchte, die lange Bahnfahrt zu genießen, was nicht funktionieren wollte. Ich kam einfach nicht zur Ruhe. Mir spukte immer noch die Grenze mit allen negativen Begleiterscheinungen im Kopf herum. Ich hatte Bauch-

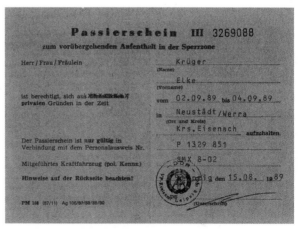

Mein letzter Grenzpassierschein, um in die Heimat zur Grabstätte meiner Eltern reisen zu können.

Sohn Sven, Frau Annett und ich (v.l.n.r.) in Heidelberg

kribbeln und eine Gänsehaut nach der anderen, als wir durch das neue, unbekannte Deutschland zischten.

In wunderschöner Landschaft, inmitten herrlicher Weinberge, wurden wir von meinen Kindern empfangen. Die Wiedersehensfreude hatte mich im Nu voll erwischt: Mein neuer, roter Hut flog mir vom Kopf – »ich wendete mich nicht!«

Wir erlebten beeindruckende Tage. Mein größter Wunsch, »Alt-Heidelberg«, das deutsche Paradies, einmal zu sehen, ging in Erfüllung. Oft genug hatte ich in meiner Jugend auf dem Klavier gespielt und dazu gesungen: »Ich hab mein Herz in Heidelberg verloren.«

Nun schlug's in Wirklichkeit, so richtig außer Rand und Band, mein strapaziertes Herz, am schönen Neckarstrand.

Arbeitsplatzverlust

1990, im Jahr der deutschen Einheit, wo sich Millionen auf die starke D-Mark freuten, war mir nicht zum Lachen zumute.

Gleich am Jahresanfang traf mich der »Hammer«. Ich war die Erste, die in unserem Betrieb die Arbeit verlor, ohne Abfindung, die nach mir Entlassene prompt erhielten. Anfänglich hieß es: »Könnte sein, dass die Bibliothek geschlossen werden muss.« Daraufhin hielt ich Ausschau nach einer neuen Tätigkeit. Hatte auch eine gute Bibliotheksstelle in Aussicht. Danach wurde mir versichert, dass meine Bibliothek doch bestehen bliebe, so dass ich mein Stellenangebot sausen ließ. Letztlich wurde sie doch dicht gemacht, und ich hatte das Nachsehen.

Natürlich rotierte ich und hatte mir dadurch einen nahtlosen Übergang in ein artverwandtes Arbeitsgebiet erkämpft. Ich wurde Archivarin. Ein spürbarer Abstieg, aber immerhin – ich entkam der Arbeitslosigkeit. Zuvor hatte ich aber noch die ehrenvolle Aufgabe, meine Bibliothek aufzulösen. Genau diese Abwicklung hat mir psychisch ganz schön zugesetzt.

Zwölf Jahre hatte ich aufgebaut und mit viel Engagement tolle Bücher herangeschafft, die ich größtenteils in Leuna holte. Oftmals auf eigene Benzinkosten, denn die Rückerstattung wurde in den Betrieben auch immer problematischer.

Nun durfte ich rund 6000 preisreduzierte Bücher an die Belegschaft unseres Betriebes verhökern. Mir war jämmerlich zumute. Die Mitarbeiter freuten sich natürlich über diese günstige Schnäppchengelegenheit, aber mir blutete das Herz. Von Amado bis Zweig, alle meine treuen, vertrauten Freunde, die mich jahrelang umgaben, verschwanden in Beuteln, Taschen und Körben auf Nimmerwiedersehen.

Ein Regal nach dem anderen wurde geplündert und die schöne Bibliothek geschlachtet und gerupft wie ein Suppenhuhn.

Meine mühevoll erarbeitete Katalogisierung flog in einen Kartoffelsack und wurde abtransportiert. Zum Schluss saß ich auf meinem Drehstuhl und starrte in die ausverkaufte Leere, die ich nur noch mit tränenverschwommenem Blick wahrnahm. Ich musste Abschied nehmen von der kreativsten, glücklichsten Zeit meines Arbeitslebens, obwohl ich im Winter mächtig gefroren und mich einmal in einer lebensbedrohenden Situation befunden hatte.

Meinen abgeschriebenen, aber als Andenken geretteten Schreibtischstuhl bugsierte ich in meinen Trabbi und drehte mich noch einmal wehmütig um, bevor ich in die »Markranstädter« einbog.

Auf in Richtung »Eitingon«-Frauenklinik!

Meine Archivjahre in der Frauenklinik

Dass ich einmal im Krankenhaus arbeiten würde, hätte ich mir auch nicht träumen lassen.

Ich hatte mich tatsächlich entschlossen, das verwaiste Archiv der »Eitingon«-Frauenklinik Leipzig zu übernehmen. Jahrelang ging ich dort schon als Patientin ein und aus und kannte die Klinik und meinen Gynäkologen recht gut.

Es reizte mich, das stiefmütterlich behandelte Archiv auf Vordermann zu bringen. Ich hatte aber auch in Betracht gezogen, dass ich an Ort und Stelle wäre, falls ich wegen meiner Blutungsneigung einmal schnelle Hilfe bräuchte.

Nun ja, es war schon in jeder Beziehung eine kolossale Umstellung für mich.

Täglich mit Krankenblättern umgehen zu müssen, ständig knallharte Diagnosen auf dem Schreibtisch zu haben, oftmals von guten Bekannten, das war kein Zuckerlecken. Immer wieder wurde ich an meine verstorbene Schwester Gunda erinnert, wenn junge Frauen den gleichen grausamen Weg gehen mussten.

Nebenbei betreute ich, nach dem plötzlichen Ableben der unvergessenen Bibliothekarin Heber, unsere Patientinnen mit Ausleihbüchern der Patientenbibliothek des Klinikums »St. Georg«, dem wir inzwischen angeschlossen worden waren. Das bedeutete, mit dem Bücherkarren auf die Stationen zu fahren, bis an die Krankenbetten, gewissermaßen an die »Front«.

Es gäbe hiervon noch viel zu berichten, aber leider verbietet es mir die Schweigepflicht, die ich immer sehr ernst genommen habe.

Spätestens nach einem Jahr wollte ich dort wieder »abzwitschern«, weil mir der psychische Druck zu sehr zu schaffen machte. Eine Durststrecke von zehn Jahren ist daraus geworden.

In dieser Zeit habe ich so viele Krankenblätter heften müssen, dass ich mir, mit rund einer halben Million Schlägen auf den »Klammeraffen«, mein Sattelgelenk an der rechten Hand demoliert habe. Das war mein Preis, um der Arbeitslosigkeit zu entkommen.

Mehrere Male musste ich innerhalb unseres Hauses mit allen Krankenakten umziehen. Zum Schluss ins Zentralarchiv des Klinikums – wochenlang – mit Archivunterlagen aus 30 Jahren. Das mir das noch blühen musste.

Kollege Förster (rechts) mit »St. Georg«-Klinikfahrer Stannarius

Ein Glück, dass es unsere gute Seele Förster gab, der mir die ganzen Jahre kumpelhaft zur Seite stand. Immer zur Stelle war, wenn die »Säge klemmte«. Ohne seine Unterstützung hätte ich es dort nie so lange ausgehalten.

Auch unsere Ärzte, Schwestern und sonstigen Angestellten waren mir nicht gleichgültig, konnte ich nicht einfach fluchtartig im Stich lassen. Ich habe gerne für sie akribisch gesucht und gefunden, immer im Interesse unserer dankbaren Patientinnen. Und nicht zu vergessen, ich erwarb mir in den Fachgebieten Gynäkologie, Geburtshilfe und Neonatologie (Neugeborene) enorme Kenntnisse, die mich sehr bereichert haben.

Kurz vor Torschluss gab es aber noch eine unliebsame Überraschung für mich. Ausgerechnet der schwerste Suchkarteikasten rutschte aus der Halterung und landete haargenau auf meinem Schädel. Da war's doch noch eingetroffen, was ich einst befürchtet hatte. Blut! Schmerzen! Und der Schock hat auch gesessen. Sofortige Bemühungen meiner noch anwesenden Kolleginnen Hoffmann und Lantenhammer waren sehr hilfreich.

Die Erstversorgung meines Arbeitsunfalls übernahm unsere versierte Gynäkologin »Nightingale«, was ich ihr nie vergessen werde. Sie machte sich sofort daran und nähte meine Platzwunde im »Ambulanten OP« perfekt. Das fand ich ergreifend und aufmunternd zugleich. Letzteres vor allem unter dem Aspekt, dass sich ihr Kompetenzbereich weiß Gott ein ganzes Stück von Kopf und Kragen entfernt befindet!

Lieb' Hartmannsdorfer, ade!

Denk ich an die Hartmannsdorfer Straße in der Nacht, dann bin ich wirklich um den Schlaf gebracht.

Tatsächlich! Ich träume noch oft von meinem ehemaligen Zuhause. Von dem schönen Park mit seinen herrlichen Kastanienbäumen vor der Tür. Unserem Balkon, für dessen Verglasung ich unermüdlich zwei Jahre zum Tischler geрannt bin und auf welchem ich alljährlich betörenden Lindenblütenduft genoss. Auch vom »Berliner Kachelofen«, dessen wohltuende Wärme alle liebten, die je auf unserer Ofenbank vor ihm gehockt haben. Ich sehe sie noch alle vor mir. Die meisten von ihnen leben leider schon lange nicht mehr. Gerade deshalb sind meine Träume oft sehr aufregend.

Immerhin habe ich dort 26 Jahre gelebt und geliebt – in guten und in schlechten Zeiten.

Als ich 1992 meine Zelte dort abbrach und in die Leipziger Innenstadt zog, hatte ich sogar Heimweh.

Ich mochte unsere schmucke holzverkleidete Wohnküche mit der rustikalen Essecke im Landhausstil, in welcher alle immer bis ultimo kleben blieben. Besonders wenn ich meine »Caritasphasen« hatte und allein stehende Gäste mit Thüringer Klößen und Entenbraten oder Rouladen verwöhnte. »Wie bei Muttern!«, hörte ich dann als Dank und Kompliment. In der »Hartmannsdorfer« war ständig »Tag der offenen Tür«!

Auch die übrige Wohnung, die wir wie einen Schuppen übernommen und uns erst liebevoll hergerichtet hatten, war mir ans Herz gewachsen. Alle Unregelmäßigkeiten in den 1,86 Meter hohen Wänden waren mir vertraut, weil ich sie immer selbst tapeziert hatte. Ebenso genau kannte ich sämtliche Doppelfenster und Türen, die ich etliche Male mit »Pour« oder anderer Farbe gepinselt hatte. Werde nie vergessen, dass ich mich dabei einmal so zum Speisekammerfensterchen hinausgezwängt hatte, dass ich stecken blieb und tausend Ängste ausstand, bis ich aus der Falle kam.

Kurz und gut, ich war sehr verwurzelt in meiner Altbauwohnung. Auch in dem gesamten Wohngebiet rund um Taborkirche, A.-Rosch-Kampfbahn, Plagwitz und Felsenkeller.

Es tut mir immer noch ein bisschen weh, wenn ich an meiner alten Buchhandlung vorbeifahre, wo sich inzwischen ein Erotikshop etabliert hat, oder an dem zugemauerten Schaufenster meiner ehemaligen Bibliothek.

Ich muss aber auch festhalten, dass ich bittersüße, an den Nerven zehrende Erfahrungen in der Hartmannsdorfer habe machen müssen, von denen ich ein sehr treffendes Liedchen trällern kann: »Es kann der Frömmste nicht in Frieden leben, wenn…« Mit diesem brisanten Kapitel habe ich jedoch abgeschlossen. Darüber wollte ich keinen weiteren Satz verlieren. Höchstens diesen, den eine Hausbewohnerin immer parat hatte, wenn Unrecht geschah: »Gottes Mühlen mahlen langsam…«

In meiner Innenstadtwohnung fand ich endlich den gewünschten Seelenfrieden.

Ich hatte, bis auf meine Wohnzimmereinrichtung, alles stehen, liegen und hängen gelassen und dem Vater meines Sohnes übergeben, der in unsere ehemalige gemeinsame Reichsbahnwohnung zurückzog. Als Bundesbahnangestellter sollte diese Bleibe für ihn sicherer sein als für mich. Er hatte es so auch wieder näher zur Arbeit. Ich brauchte weder Keller noch Boden zu entrümpeln und mir um das Stehengelassene keine Sorgen zu machen. Sogar das Namensschild an der Wohnungstür musste nicht abmontiert werden.

Insgeheim wollte ich aber meinem Sohn ein Stückchen Elternhaus erhalten und auch mir den Abschied leichter machen.

Inzwischen bin ich innerhalb des Hochhauses umgezogen und wohne nach der »Reko« nicht mehr im »Plattensilo«, sondern in der fürstlichen »Residenz am Zoo«. In einer gemütlichen Puppenstube. Besser gesagt: in einem Puppenmuseum. Mit 25 historisch kostümierten Damen« und einem Geige spielenden »Mozart«, der meine »Weibsen« in meiner Abwesenheit bei Laune zu halten scheint.

Ich freue mich über meine Zentralheizung ohne lästiges Kohlenschleppen, meine lichtdurchfluteten Zimmer, die zentrale, aber dennoch grüne Lage und herrliche Aussicht. Ich schaue direkt auf Leipzigs Kongresshalle, die von Scheinwerfern angestrahlt mit etwas Fantasie durchaus an das romantische *Schloss Gripsholm* erinnert. Dahinter befindet sich unser Zoo mit dem Elefantenbaby »Voi Nam« und dem attraktiven Angola-Löwenpärchen, welches unlängst aus Spanien eingetroffen ist und das ich gelegentlich sogar brüllen höre. Bin ich nicht in guter Gesellschaft?

Außerdem erreiche ich zu Fuß in ein paar Minuten unseren schicken Hauptbahnhof mit seinen abwechslungsreichen »Promenaden«. Auch das Stadtzentrum mit allen historischen Sehenswürdigkeiten. Und die besten medizinischen Einrichtungen sind auch am Platz. Ich bin zufrieden und über alles beglückt.

Dennoch kann ich nicht leugnen: Richtig daheim fühlte ich mich nur in Neustädt und in der Hartmannsdorfer Straße.

Adieu, Christinchen!

Genau in der stressigsten Umzugsphase, als ich mich mit Renovierungsarbeiten in meiner neuen Wohnung abquälte und mich außerdem nach sechsjähriger Partnerschaft schweren Herzens, aber aus triftigem Grunde von meinem »Heinzelmann« getrennt hatte, verlor ich meine vertraute Freundin Christine.

Nein! Das konnte doch nicht wahr sein. Sie war erst 49 Jahre. Ihr hätte ich – wie Johannes Heesters – 100 Lebensjahre zugetraut. Niemals ein so zeitiges Ableben – wegen unheilbarer Krankheit. Sie hatte keine Chance mehr, dem »Sensenmann« ein gehöriges Schnippchen zu schlagen, was ihr sonst bestimmt gelungen wäre.

Ich vermisse sie auch heute noch sehr, 10 Jahre danach. Ihre aufmunternden Anrufe, unsere optimistischen Gespräche und heiteren Freundschaftstreffen.

Wir kannten uns etwa 30 Jahre und sehr gut. Wie gerne haben wir miteinander über uns und andere gelacht.

Bei Christine kochte das Wasser eben schon bei 80 Grad. Wehe, ich hätte widersprochen! Ich ließ es lieber »kochen«! Einer von uns beiden musste das Warnschild »Vorsicht Dynamit« für zwei aufeinander stoßende Widder schon beachten. Nur so kam es zwischen uns selten zur Explosion. Letztlich amüsierten wir uns ja beide über ihre und auch meine abgeschossenen »Böcke«.

Wir spielten meistens herzerfrischende Kabinettstückchen, wenn wir uns trafen. In einer Umkleidekabine haben wir einmal so eine Lachnummer abgezogen, dass sich Christine erst wieder dort heraustrauen konnte, nachdem ich ihr einen Ersatzschlüpfer gekauft hatte. Passend zur Situation natürlich einen knielangen, kochfesten »Liebestöter«.

Selbst im Krankenhaus, kurz vor ihrem Ableben, wollte sie mir am liebsten noch ihren Seelsorger aufschwatzen und lächelte sogar dabei – trotz Schmerzen.

Mit dieser bewundernswerten Stärke und ihrem trockenen Humor möchte ich sie in meinen Lebenserinnerungen verewigen.

Ich glaube, dass meine clevere, herzensgute Freundin auch im Himmel längst das Kommando übernommen hat und keine Langeweile aufkommen lässt.

Vermutlich musste der liebe Petrus seinen Himmelsschlüssel sprachlos an sie abliefern.

Die Englein gehen nun zur Ruh', wenn Christine schließt den Himmel zu!

Mein tollkühner »Pferdekauf«

Gesundheitlich in schlechter Verfassung, noch während meiner Krankenhaustätigkeit, kam ich auf die glorreiche Idee, mir einen Lebenswunsch zu erfüllen.

Ich »verrückte Nudel« kaufte mir – ohne Halfter und Sattelzeug – ein teures Pferd und verblüffte damit zunächst Freunde und Bekannte. Bei Widdern muss man auf alles gefasst sein! Natürlich war mein Aprilscherzchen gelungen, als ich meinen weißen »Wunderschimmel« vorstellte, der die klangvollsten Töne von sich gab, wenn ich ihn liebevoll streichelte. Schon erraten? Richtig! Ich schwärme von meinem neuen, kostbaren Markenklavier. Keine Frage, dass ich mir damit knallharte finanzielle Bandagen angelegt hatte. Gewollte Taktik! Meine Durchhaltestrategie!

Für meinen »Traum in Weiß« ging ich sogar nach meiner Arbeit bei einer Rechtsanwältin putzen. So habe ich mich selbst am Schlafittchen gepackt und meine Arbeitskrise in der Frauenklinik mit einem unausweichlichen »du musst« überwunden.

Es gab aber noch einen Grund, warum ich mich ausgerechnet für ein Piano entschied.

Ich habe einfach nicht verschmerzen können, was einst meine einfältigen Schwäger mit meinem schwarzen »Klimperkasten«, wie sie es »ergreifend« nannten, im heimatlichen Grenzgebiet angestellt hatten.

Angeblich sollte mein Klavier als Spende in eine Gerstunger »Disko« bugsiert werden. Wohin haben sie es gekarrt? Festhalten! In die Neustädter »Ausfülle« am Ortseingang. Meine Eltern so schamlos auszutricksen. All ihre Entbehrungen und Opfer, die darin steckten, so sinnlos mit auf den Müllhaufen zu schmeißen. Gemeine Kulturbanausen!

Ich erfuhr die Geschichte erst nach dem Tod meiner Eltern und war außer mir.

Mutti musste Lunte gerochen haben, denn nach dem Pianoabtransport hatte ich sie mehrfach sagen hören: »Die waren aber schnell zurück!«

Ungeschehen konnte ich die »Sünde« leider nicht mehr machen. Nur auf meine Weise für die rappelköpfigen Schwiegersöhne meiner Eltern büßen und inneren Frieden finden.

Als die Glühwürmchen tanzten

Im Frühling 1994 klebte ein Haftnotizzettel mit einer Telefonnummer an meiner Wohnungstür. Nanu? Wer war denn das? Diese exakte Schrift kam mir zwar bekannt vor. Trotzdem, ich kam nicht drauf.

Neugierig geworden griff ich natürlich gleich zum Hörer. Eine willkommene Ablenkung, denn ich steckte gerade bis zum Hals in einem Tief.

Mein Gesprächspartner schien auch nicht quietschvergnügt auf einem Hoch zu schaukeln. Und so fing es wieder mit uns an – Knall auf Fall!

Begonnen hatte es anno 1967, als ich – noch jung und knusprig – in der »M.-Reimann-Buchhandlung« arbeitete, im Leipziger Süden, neben der Bauhochschule.

Dort hatte ich ihn als einen hartnäckigen, schon etwas reiferen Verehrer kennen gelernt, der zu unseren Stammkunden gehörte. Ein gebildeter, charmanter und besessener Bücher- und Vogelliebhaber. Und nicht nur das!

Wir waren damals aber beide verheiratet. Deshalb ist es bei einer guten Bekanntschaft oder Schwärmerei geblieben.

Dann wechselte ich die Arbeitsstelle und ging in die »R.-Blum-Buchhandlung« meines Stadtbezirkes. Weg vom »Reimann-Schaufenster«!

Nun hörten wir uns nach einer Ewigkeit wieder, zweimal geschieden – er und auch ich. C'est la vie – so ist das Leben! Vergessen hatten wir uns nicht. Ebenso wenig unsere gemeinsamen Erinnerungen.

Ihm hatte es einst mein figurbetonendes, weinrotes Bouclé-Kleid angetan. Beglückt erstanden von meinem ersten Gehalt im Leipziger Modehaus »Melanie Kegler«, wo ich offensichtlich gut beraten worden war. Mich hatte sein köstliches Kirschlikörpraliné »Mon Chérie« in Versuchung geführt, welches er für mich geopfert und in unserem Belletristikregal versteckt hatte. Es war meine allererste »Westpraline«, die ich mit Verstand schnabulierte. Im Vergleich zu heute besaß sie zu DDR-Zeiten noch Seltenheitswert.

Ich war tief beeindruckt von seiner einfallsreichen, dezenten Liebesmüh' und seinen leisen Komplimenten.

Unverdrossen wartete er nach Dienstschluss, bei Wind und Wetter und wohl oft mit hundekalten Füßen, an der Bushaltestelle »Kurt-Eisner-Straße« auf mich. Immer wieder war ich überrascht, wenn ich ihn – ohne Verabredung wohlgemerkt – im Eckchen einer bestimmten Haustür entdeckte. Über seine Ausdauer sowieso! Solch eine Engelsgeduld? Mein lieber Mann. Diesen rätselhaften Fall musste »Widderböckchen« unbedingt genauer »beschnuppern«.

Im Sommer liefen wir den »A-Bussen« in Richtung »Adler« hinterher, weil ich einen nach dem anderen verpasste. Meistens war sein Fahrrad mit von der Partie, welches »mein Romeo« von Bank zu Bank schob, immer am Waldrand des Schleußiger Weges entlang. Manchmal aber auch quer durch die herrlichen Mohnblumenwiesen.

Am Lenker hing oft ein baumelndes Kuchenbeutelchen. Auf der Stange gluckte meistens ich – fußlahm und groggy nach einem langen Arbeitstag. Damit keine Trugschlüsse aufkommen!

Nur schnattern konnte ich noch ohne Punkt und Komma – wie die »Schlütern«.

Er hörte mir gelassen und verständnisvoll zu, und ich konnte mich von meinem Alltagsmüll befreien. Berichtete aber auch über meine jungen Muttergefühle, wie sehr ich unter der Trennung von meinem Sveni litt und fand Mitgefühl und wohltuenden Trost. Wir vergaßen beide, dass zu Hause längst auf uns gewartet wurde, während wir immer noch über interessante Bücher so-

wie über Gott und die Welt plauderten. Bis die Glühwürmchen zu tanzen begannen und uns zum Glück ordentlich »heimleuchteten«.

Das waren die längsten, aber auch schönsten »Parteiversammlungen« meines Lebens. Meine glaubwürdigsten – und harmlosesten Alibis, die ich nicht bereuen muss.

Inzwischen können wir auf eine zehnjährige bewegte und nicht alltägliche Partnerschaftsform zurückblicken. Mit eigenständigen Wohnungen und gemeinsamem Garten. Anfangs wohnten wir sogar zusammen, und es sollte geheiratet werden. Aber es kam alles anders.

Ich habe mich an mein individualistisches, hilfsbereites, »wandelndes Lexikon«, seine liebreizenden »Spektakel«-Rosenköpfchen sowie an seine einmalige Privatbibliothek von rund 7000 herrlichen Büchern gewöhnt. Und sie bestimmt auch an mich. Wie »Henry Higgins« an »Elisa Doolittle« und umgekehrt! Fehlt eigentlich nur noch, wie man es vom Film her kennt, das Happy End!

Nur ein Tango d'amour

Sechzehn war ich, saß glücklich in der Schulbank der Goethe-Oberschule neben Gisela, als wir im Unterricht zufällig auf das utopische Jahr »2000« zu sprechen kamen.

Unvorstellbar weit entfernt – wie der Mond! Ob wir das erreichen würden? Wir wären dann »56« und uralt!

Unglaublich, wie raketenschnell wir dort angekommen waren, an der Schwelle der Jahrtausendwende. Nicht alle! Leider.

Etwa fünfzig liebe Menschen – nahe stehende Verwandte, Freunde, Mitschüler und gute Bekannte hatte ich verloren, ich, die Übriggebliebene meiner Sippe. Eine erschreckende Bilanz, bevor ich ins Jahr 2000 stolperte. Glück gehabt!

Auch ein Segen, noch einmal als Bibliothekarin arbeiten zu können, nachdem der Archivumzug der Frauenklinik abgewickelt war. Ich wechselte vom »Zentralarchiv« in die »Medizinische Zentralbibliothek« des Klinikums »St. Georg«, was ich auch nicht bereute.

Endlich wieder mit Büchern umgehen zu können, das war doch etwas! Und noch einmal eine große Herausforderung zu bewältigen, am Ende meines Arbeitslebens.

Von Computerarbeit hatte ich beispielsweise überhaupt keinen blassen Schimmer. Ich konnte zwar Feldmäuse von weißen Mäusen unterscheiden, aber mit einer zappligen »Computermaus« hatte ich noch nie das Vergnügen gehabt. Glücklicherweise habe ich mich nicht allzu blöd angestellt, so dass ich mit freundlicher kollegialer Hilfe den Anforderungen gerecht werden konnte. Mich sogar richtig mit dem Computer anfreundete und mir deshalb für meine alten Tage noch einen Laptop ins Haus geschleppt habe.

Ich musste wegen meiner ramponierten Hand nach dreijährigem Arbeitseinsatz in Altersteilzeit gehen und bin nicht mehr aktiv tätig. Rückblickend betrachtet muss ich aber zugeben, dass ich sonst bis zum Rentenalter Spaß an meiner Bibliotheksarbeit gehabt hätte. Ich empfand schon ein bisschen Wehmut, als ich am letzten Arbeitstag von meinem Kollegium, unserem Buchbinder, den Schwestern, Ärzten und Professoren, die alle mit Blumen erschienen waren, nach guter Zusammenarbeit verabschiedet worden bin.

In der Runde meiner ehemaligen Bibliothekskolleginnen des Klinikums »St. Georg«.
Von rechts nach links: Frau Häußler, Leiterin Frau Heinke, ich, Frau Wiedemann, Frau Boer

Dennoch bin ich erleichtert, dass ich nicht mehr mit dem Bücherwagen unserer angegliederten Patientenbibliothek zur Stationsausleihe fahren muss. Sicher konnte ich gut mit den Patienten umgehen, genoss Vertrauen und kam mir manchmal wie ein Seelentröster vor. Aber ich habe auch gelitten, wenn ich gute Bekannte oder ehemalige Kolleginnen mit unheilbaren Diagnosen in den Krankenzimmern vorfand, die rettungslos verloren waren.

Einmal sprang eine durch Chemotherapie gezeichnete Patientin aus dem Krankenbett und fiel mir um den Hals: »Elke, erkennst du mich denn nicht?« Sie lebt nicht mehr. Oder eine Diabetikerin schlug verzweifelt die Bettdecke hoch und zeigte mir, dass sie nur noch ein Bein besaß. Heilige Maria! Waren das schlimme Situationen. Im letzten Fall traf es mich wie ein Stromschlag. Ich musste mich am Bücherkarren festhalten – wacklig wie Zitterpudding und mit zugeschnürter Kehle. Trotzdem konnte ich noch blitzschnell reagieren und die richtigen Worte finden. Dabei hätte ich sie selbst bitter nötig gehabt. Ich sah meine Berliner Schwester Hildegard vor mir, die ebenfalls wegen Diabetes eine schreckliche Beinamputation hatte durchmachen müssen und gerade verstorben war. Erst 66-jährig. Immer war sie wie ein Rennauto durchs Leben geprescht. Meine älteste Schwester und die letzte, die ich noch hatte.

An solchen Tagen war ich sehr deprimiert. Nicht leicht, diese Verfassung zu überspielen, sie niemanden sehen und spüren zu lassen, was immer mein Prinzip war.

Kein Wunder, dass schlaflose Nächte mit schlimmen Visionen folgten. Ich schob zum Beispiel meine Schwester im Rollstuhl durch unser Heimatdörfchen Neustädt. Sicher weil sie es so gerne noch einmal gesehen hätte, und ich ihr mein Versprechen gegeben habe, dass wir es zusammen meistern würden, da ihr Mann auch sehr krank war. Er ist ihr auch relativ schnell im Ableben gefolgt. Um mich abzulenken, schrieb ich mir in solchen Nächten meine Lebenserinnerungen von der Seele. Oder ich hörte meine Lieblingsmusik und -interpreten. Einer schaffte es immer, mich mit seiner unverwechselbaren, warmen, streichelnden Stimme und mit seinen schönsten, gefühlvollsten Liedern wieder ins Gleichgewicht zu rücken: Rex Gildo. Dafür wollte ich ihm bei passender Gelegenheit mit Blumen danken. Wie freute ich mich auf diese Begegnung. Vergeblich! Vergeblich!

Ich habe Wort gehalten und ihm herrliche Blumen gebracht – Abschiedsnelken nach München auf den Ostfriedhof. Mit seinem mir unvergesslichen und zutreffenden Lied in den Ohren: »Das Leben ist nur ein Tango d'amour«.

Grabstätte von Rex Gildo auf dem Ostfriedhof München

Klassentreffen

Angeregt durch unser 40-jähriges Abiturtreffen in Gerstungen/Werra am 4. Mai 2002, was allen Anwesenden ausgezeichnet gefallen hatte, kam ich auf die schon lange gehegte Idee, endlich ein Grundschultreffen zu organisieren. Schnellstens! Unbedingt!

Ich war dermaßen beeindruckt von der wunderbaren Wiedersehensfreude, unserer alten Penne und unseren früheren Schülerstreichen. Besonders toll fand ich, dass unser ehemaliger Klassenlehrer, Herr Unkart, einer der letzten

Klassentreffen: 40 Jahre Abitur
Rechts: Klassenlehrer Unkart

noch lebenden Pauker mit 77 Jahren auf dem Buckel, guter Verfassung und seiner Frau erschienen war.

Also, Widderherz: Jetzt oder nie! Ich war im richtigen Fahrwasser.

Es wurde ja auch wirklich höchste Zeit für das Grundschultreffen, denn mit Krükken, Schwerhörigkeit, Sehbehinderung oder Alzheimer wäre der Zug für eine erste Begegnung wirklich abgefahren gewesen.

Die meisten hatten sich nach unserer Schulentlassung nie wieder getroffen.

44 Jahre lang nicht gesehen – fast ein ganzes Leben.

Natürlich machte es nur Sinn, unsere geburtenschwachen Jahrgänge zusammenzufassen. So wie wir es durch den Mehrstufenunterricht erlebt und noch in Erinnerung hatten. Gewissermaßen die gesamte Theatergruppe der fünften bis achten Klasse unseres unvergessenen Märchenspiels *Die Schneekönigin*.

Meine Güte, war ich eckig und aufgekratzt – schon bei den Vorbereitungen. Viele Überraschungstelefonate brachten begeisterte Zustimmung und steigerten die allgemeine Vorfreude ins Unermessliche.

Eben hatte ich noch von meiner Schulzeit und unserem Theaterstück geschwärmt. Nun sollte sogar ein Wiedersehenstreffen Realität werden.

27. Juli 2002, Gaststätte »Zum Schiff« in Sallmannshausen. Mit »Gerda«, »Kai«, »Rentier«, »Hexe« und wie sie alle auf der Bühne hießen. Wahnsinn!

Zwei Tage vorher konnte ich schon kein Auge mehr schließen, obwohl der Schönheitsschlaf für unser Wiedererkennen so enorm wichtig gewesen wäre. Nicht zu ändern! Es ging schließlich in meine Heimat, in die altbekannte Dorfkneipe, in der unsere Lisa, »Karl der Große«, hinter der Theke stehen würde, weil sie den Sohn der ehemaligen Wirtsleute geheiratet hatte.

Meine Lehrerinnen und Mitschüler, wie würden sie aussehen? Beruf? Arbeit? Kinder? Fragen über Fragen. Und was erst alles auf dem Programm stand. Gut, dass ich mich dazu durchgerungen hatte, mein Auto in Leipzig stehen zu lassen und mit der Bahn zu fahren. Bei meiner Übermüdung? Nicht auszudenken, wenn meinetwegen zu guter Letzt alles schief gegangen wäre.

In »Erfurt-Hauptbahnhof« begann bereits unser ersehntes Klassentreffen. Meine alte Schulfreundin Waltraud stieg zu, und der »Tag der Emotionen« war eröffnet. Sie hätte ich beim ersten Wort auch mit verbundenen Augen wieder erkannt. Wir konnten bis Eisenach, wo uns Schulkameradin Anita abholen wollte, ausgiebig über den Tagesablauf und uns schwatzen. War das bewegend, als uns der »kleine Karl« auf dem Bahnhof entgegenkam. Zwar blond statt dunkelhaarig, aber unverkennbar. Sie fuhr uns wie Staatsmänner im großen »Schlitten« in ihr bewundernswertes Anwesen nach Unkeroda, unser Übernachtungsquartier. Welche Ehre! Hut ab! Was sie und ihr Mann sich alles mit immensem Fleiß geschaffen haben.

Von dort brachen wir erwartungsvoll zu unserem Veranstaltungsort auf. Mit Kuchen, Blumen und »Herzklopfen kostenlos«.

Wir waren die Ersten im Tanzsaal, der uns festlich geschmückt erwartete. Herrliche Sonnenblumen vor dem Bühnenvorhang und mit Grünpflanzen geschmackvoll dekorierte Kaffeetafeln. Wir waren angenehm überrascht. Da hatte sich Lisa aber ins Zeug geworfen! Langsam wurde es ernst. Der »Countdown« stand unmittelbar bevor.

Da tauchte auch schon meine hilfsbereite Nichte

Klassentreffen: 44 Jahre Grundschulentlassung.
1.Reihe links: unsere Klassenlehrerin Frau Salzmann-Baum

Beate auf, die die bestellten Torten brachte. Prima! Das hatte gut geklappt. Nun konnte fast nichts mehr schief gehen.

Bei herrlichem Sonnenschein standen wir draußen vor der Tür und warteten auf unsere zwei Lehrerinnen und Mitschüler. Gespannt wie auf den Ausgang eines Krimis. Da rollten auch schon die ersten Limousinen heran. Einer nach dem anderen trudelte ein. Reife Frauen und Männer, teilweise ergraut, die sich dennoch wieder erkannten und herzlich umarmten. Wie in Dieter Thomas Hecks Fernsehsendung *Melodien für Millionen*. Nur einer hatte Schwierigkeiten und fragte unsere Klassenlehrerin ahnungslos und unverblümt: »Wer bist denn du?«

Es waren einmalige, bewegende Momente, die man nur schwer beschreiben kann.

Schon nach kurzer Zeit und wenigen Sätzen hatte uns die Vergangenheit eingeholt. Älter waren wir alle geworden, aber kaum anders. Die Gesten, der Gang, die Sprache – wie anno 1958! Unser Unikum »Pups« lachte immer noch wie eine Meckerziege, obwohl er aussah wie der »Lord vom Alexanderplatz«. Köstlich! Mir kam es plötzlich vor, als hätte ich nicht mein Schicksal, sondern meinen Schulranzen auf dem Rücken und nur Sommerferien gehabt.

Wo blieb aber unser »Rentier«, der große Künstler? Aufatmen und Bewunderung, als er plötzlich vor mir stand: Opernsänger Bernd Hofmann, mein Schaukelpferdchenfreund. Nun würde auch das vorgesehene kleine Konzert mit ihm in der Dorfkirche zu Neustädt nicht platzen. Gott sei Dank! Der Höhepunkt unseres Treffens war gerettet.

Meiner musikalischen Begrüßung stand nichts mehr im Wege. Unsere Klassenlehrerin wurde auch schon sichtlich ungeduldig und blickte genervt auf ihre hemmungslos schwadronierende Schülermeute, als wolle sie augenblicklich mit dem Unterricht beginnen. Verdammt! Unsere »Gerda« fehlte ja immer noch. Länger konnten wir aber wirklich nicht auf Frau »Zahndoktorin« warten. Wer weiß, wer da noch Zahnschmerzen hatte.

Ich gab das abgesprochene Startzeichen, und meine ausgewählte Frank-Sinatra-Songmelodie »My Way« ertönte im Saal. Ich hatte darauf meinen Lebensweg getextet. Plötzlich mucksmäuschenstill saßen alle vor mir und hörten andächtig und gerührt meinem Live-Gesang zu. Manche sogar mit einer Träne in den Augen. Oh, wie gingen auch mir diese 245 Sekunden unter die Haut.

Nachfolgende Fanfarenklänge rissen uns zum Glück aus dieser besinnlichen Stimmung und riefen zum improvisierten Appell: Alle Schüler wurden von mir aufgerufen, bekamen Rosen, die sie unseren Lehrerinnen im Vorbeimarsch überreichen mussten – unter den Klängen unseres ehemaligen beliebten Chorliedes »Unsere Heimat«. Schulfreundin Waltraud stand mir dabei – ohne vorherige Probe – tapfer und hilfsbereit zur Seite. Ein wirkungsvoller Auftritt! Das war auch meine Absicht.

Nach unserem Kaffee- und Plauderstündchen bummelten wir entlang unseres alten Schulweges in Richtung Neustädt. Über die Werrabrücke, am einstigen »Kontrollschlagbaum«, den es natürlich nicht mehr gab, vorbei. Gedankenvoll sah ich immer noch unsere Grenzer dort stehen. Ausgerechnet den, der mich tatsächlich einmal »umnieten« wollte. Der sein Gewehr blitzschnell durchlud, als ich meinen Ausweis nicht sofort zückte und einfach weiterlief. »Stehen bleiben oder ich schieße«, befahl er mir in strengem Kommandoton. Hatte der nicht mehr alle Tassen im Schrank? Mich zu behandeln, als wollte ich in den Westen abhauen! Wir kannten uns gut. Ich dachte, er würde einen Spaß machen und nur bluffen, als er mich aufforderte: »Ausweiskontrolle!«

Fehlanzeige! Mit Alkohol im Blut und vermutlich eifersüchtig – ich hatte ihn Tage vorher gnadenlos abblitzen lassen – war er durchgedreht. Erschrocken sprang der zweite Grenzer hinzu und schrie: »Bist du wahnsinnig?« und riss ihm die »Knarre« aus der Zielrichtung und den Händen. Das war eine sehr kritische, ernste Situation, in der mir mein Herz in den Kniekehlen hing. So etwas vergisst man nie.

An der Bahnschranke mussten wir warten. Ein ICE-Zug kam aus Wommen und zischte auf neuen Gleisen an uns vorüber. Die jahrelang lahm gelegte Strecke funktionierte wieder, besser denn je. Über die Trasse Gerstungen-Förtha-Eisenach ging es schon lange nicht mehr. Für die Einheimischen längst Normalität. Aber für mich nach der Wiedervereinigung noch Neuland. Besuchsweise, meistens wie »Richard Kimble« auf der Flucht, kam ich bisher nur auf den Friedhof.

Dann waren wir in Neustädt angekommen, wo ich Kindheit und Jugend, 20 Jahre meines Lebens verbrachte. Liefen an jenem Haus vorbei, in welchem ich gewohnt hatte. Menschenskind! Der alte Birnbaum im Grasgarten lebte immer noch. Irrtum! Es sah nur von weitem so aus. Auch mein geliebtes »Sieben-Stufen-Treppchen« an der Dorfstraßenböschung gab's nicht mehr. Wie schade! Keine Scheune, kein Schweinestall, vor dem ich meinen ersten Kuss bekam, von den weiteren ganz zu schweigen.

Nach dem Ableben meiner Eltern habe ich unsere ehemalige Mietwohnung nie wieder betreten. Aus Furcht vor der veränderten Wirklichkeit, obwohl ich die Hinterbliebenen von Tante Marie, Tochter Elly und Kinder, gerne besucht hätte. Wir haben uns immer gut verstanden.

Ob ich es je schaffen werde, noch einmal vor unserer Küchentür zu stehen? Wie gerne würde ich noch einmal heimgehen. Nur jetzt nicht flennen. Was war denn nur wieder los mit mir? Heute wollten wir doch fröhliche Schulkinder sein und in unsere alte Dorfschule gehen.

Leer und gottverlassen stand sie da. Unterrichtet wurde dort schon ewig nicht mehr. Selbst die Nachfolgeeinrichtung »Gasthof zur Linde« hatte auch schon wieder dicht gemacht. Könnte man das Schulhaus nicht wenigstens anderweitig nutzen?

Wir gingen hinein in die ehrwürdigen Mauern und die Treppen hinauf – wie nach der großen Pause. Unter unseren Füßen knarrten die ausgetretenen Stufen wie damals. Dort oben im Flurfensterchen stand jahrelang eine Kokosnussschale, die »Opa Zühlke« als Aschenbecher für seine dicken Zigarren benutzte.

Wir betraten die leeren Klassenzimmer. Jeder mit seinen eigenen, persönlichen Erinnerungen. Was mir alles wieder einfiel. Als wäre es gestern gewesen.

An der Friedhofstür war ich endlich mit Mutti einer Meinung: Die Schulzeit ist die schönste Zeit im Leben.

Marianne trug die Rosen, die wir unserer unvergessenen Klassenkameradin Hannelore zum Grab brachten. Vorbei an dem meiner Eltern, wo ich einen Chrysanthemenstrauß in die Vase stellte. Wohin ich auch schaute, überall ruhten meine Verwandten: Dort drüben meine gute Tante Milda und Tante Ida. Am Weg mein »Waldonkel« Erich, Tante Käthe und Cousine Gerlinde. Ein Stück weiter oben unsere liebe Pate Klara. Am Zaun meine Pate Ilse und mein herzensguter Cousin Siegfried. Fast daneben seine Eltern, meine gütige Tante Anna und mein liebster Onkel Fritz, der mit seinem unschlagbaren Humor von allen am ältesten geworden war. Ich vermisse euch sehr. Ihr werdet alle unvergessen bleiben. Dafür habe ich gesorgt.

Vor der Kirchentür trafen wir einige gut bekannte Neustädterinnen. Auch meine liebste Cousine Helga, Tochter von Tante Anna und Onkel Fritz, die auch »Mutter Teresa« heißen könnte. Selbstlos und fürsorglich hatte sie ihre Eltern bis zu deren Ableben zu Hause gepflegt und ebenso aufopferungsvoll ihren schwerkranken Mann Egon.

Sie ließ es sich wieder nicht nehmen, mir ein Beutelchen mit Thüringer Wurst zuzustecken – wie es meine Mutter und Geschwister auch immer getan hatten.

Wir nahmen alle in unserer kleinen Erlöserkirche Platz. Wie vertraut sie mir doch war. Das blaue Hochzeitsbänkchen gab es tatsächlich immer noch und sofort fiel mir schmunzelnd ein: Nun kniet nieder, liebes Brautpaar! Meine Predigerrolle bei unseren »Spielhochzeiten« vor fast 50 Jahren.

Ach, und da drüben in der ersten Bankreihe saß ich mit unserem Weihnachtsbesuch während der Christvesper. Als ich mit der sechsjährigen Heike aus Bitterfeld eine ungewöhnliche Weihnachtsüberraschung erlebte. Schon vor der Bescherung. Während ich mich noch sprachlos wunderte, woher plötzlich die Nässe vor und unter unseren Füßen kam – so viel Schmelzwasser konnte doch von unseren Schuhen gar nicht abgelaufen sein – wurde die Pfütze noch größer. Bewegte sich ganz langsam und ungeniert in Richtung Maria, Josef und Christkindelein. Oh! Seht, was in dieser hochheiligen Nacht...! Diese »Weihnachtsfreude« hatte uns nicht der Vater im Himmel, sondern die blasenschwache Heike ins Heilige Haus gemacht!

Und erst dort oben: Die Geschichte mit den Orgelpfeifen. Meine Güte, das war ein Husarenstreich!

Da begann auch schon das Orgelspiel, und unser Opernsänger Bernd Hofmann legte nach einführenden Worten stimmgewaltig los: »In diesen Heiligen Hallen«, »Auch ich war ein Jüngling«, »Als Büblein klein...«

Was für eine Überraschung. Papas Bassarien! Eine nach der anderen tönte von der Orgelempore herunter. Das war kein Zufall. Vielmehr eine Hommage an »Börner Ernst« – meinen Vater. Fünfzig Schritte vom Friedhof entfernt. Mit der großen Stimme meines kleinen Schaukelpferdchenfreundes, unseres Klassenkameraden.

Ich war hin und her gerissen. Mir lief es kalt und heiß den Rücken rauf und runter. Was für ein einmaliger, unvergesslicher Tag! Und er war noch nicht zu Ende.

Die absolute Krönung ließ auch nicht auf sich warten. Unser Bernd! Ich hatte es geahnt.

Wie vom Himmel hoch erklang Papas unsterbliche Lieblingsmelodie, die ich andächtig, tief ergriffen und mit Gänsehaut wie ein Gebet vernahm: »Alle Tage ist kein Sonntag«.

Bernd Hofmann: Opernsänger am Meininger Theater.
Hier: In der Kirche zu Neustädt/Werra

Bernd Hofmann mit Maria und Wolfgang Gerhardt (Orgel und Gesang) aus Datterode in Hessen.
Wolfgang Gerhardt ist ein Nachfahre des Kirchenlieddichters Paul Gerhardt (1607 - 1676)

Nachwort

Die Frühlingssonne lockte mich hinaus ins Grüne. Mein kleiner Osterspaziergang führte mich in unseren gepachteten »St.-Georg-Betriebsgarten«, der sich im herrlichen Parkgelände des Klinikums befindet, vorbei an meinen zwei ehemaligen Bibliotheken, bekannten Krankenhäusern und geschäftigem medizinischen Personal, das mir begegnete. Man winkte mir hier und da freundlich zu. Wie schön, noch nicht vergessen zu sein.

Die Vögel zwitschern schon recht lebhaft. Die Natur erwacht, und von weitem höre ich festliches Glockengeläut.

Ich sitze zufrieden im Liegestuhl, inmitten wundervoll blühender Osterglocken und himmelblau schimmernder Vergißmeinnicht, deren Blüten sich zaghaft zu öffnen beginnen. Neben mir steht wie ein Wachhund meine dicke schwarze Lederhandtasche – meine schwere »Bombe«, die an mir klebt wie ein Markenzeichen. Sie ist mein treuester Lebensbegleiter und gibt mir ein enormes Sicherheitsgefühl – mit Blutstilltabletten, Handy und diversen Kleinigkeiten »an Bord«, einer weltreiseverdächtigen Ausrüstung, weiß Gott! Aber ohne sie gehe ich keinen Schritt, läuft absolut nichts. Ich muss alles griffbereit wissen und ständig meine Nase in meinen Taschenkalender stecken können. Sonst würde ich vermutlich krank.

Vor mir im Gras liegen etwa 300 Manuskriptseiten meiner abgeschlossenen »Lebenserinnerungen«, die ich gesichtet und sortiert habe. Finito! Welch beglückendes Gefühl, nach einigen »Pinseljahren«. Zwar mit großen zeitlichen Unterbrechungen, aber hauptsächlich in intensiver Nachtarbeit, da ich tagsüber meine Brötchen verdienen musste.

Nun danke ich allen, die ich währenddessen mit Fragen bombardiert und genervt habe und die mir alte Fotos zur Verfügung stellten oder sich in anderer Form behilflich zeigten. Die Ahnentafeln im Anhang kreierte zum Beispiel meine Nichte Birgitt Byrdy.

Ein besonderes Dankeschön verdienen meine langjährigen Ärztinnen. Sie trugen wesentlich dazu bei, dass ich meine optimistische Lebenseinstellung nie verloren, weitergekämpft und -geschrieben habe, obwohl mir das Wasser manchmal bis zum Hals stand. Vorm »Ertrinken« hat mich gewissermaßen auch meine »Perle« von Kosmetikerin, Frau Görmer, bewahrt, die über 30 Jahre zu meinem Wohlbefinden beitrug, indem sie mir zugehört und die Kummerfalten aus meinem Gesicht »gebügelt« hat.

Bernd-Lutz Lange und ich: Zwei ehemalige Buchhändlerseelen!

So unterstützt bin ich vorwiegend weder mit Alkohol noch Beruhigungstabletten, sondern mit eisernem Willen aus manchem Tief gekrochen. Mein wirksamstes Rezept: Gib nie auf! Niemals die Hoffnung, denn sie verleiht Flügel.

Ich muss mich beeilen. Bin immer auf Achse! Werde nämlich in der Verlagsbuchhandlung »Bachmann« unter den Arkaden des Alten Rathauses zu Leipzig erwartet, wo touristenfreundliche Öffnungszeiten herrschen, auch an Sonn- und Feiertagen. Ich rastlose alte Büchertante habe mir dort einen Minijob geangelt. Bei den heutigen Preisen und der zu erwartenden Rente? Verkaufe in einem netten Kollegenkreis noch ein paar Stündchen »Alles über Leipzig«. Mit Freude! Wenn ich an unsere guten Neuerscheinungen der Leipziger Autoren Dieter Zimmer und Bernd-Lutz Lange denke? Vertreter meiner

Bernd-Lutz Lange im Gespräch. Hinter ihm steht die Inhaberin der Buchhandlung, Frau E.-M. Bachmann.

Generation, deren Schreibweise mir besonders imponiert. Bernd-Lutz Lange ist sogar mein »Baujahr«. Wir erlebten beide eine karge Kindheit und haben uns auch als Erwachsene eine Portion Kindsein bewahrt. Erlernten denselben Beruf. Absolvierten dasselbe Studium, fast zeitgleich, am selben Ort und genossen dieselben Dozenten. Er landete dort, wo ich auch so gerne gestanden hätte – auf der Bühne. Bernd-Lutz Lange ist ein toller Kabarettist und Publizist. Ein humorvoller, ehrlicher Zeitgenosse zum Anfassen – ganz nach meinem Geschmack! Da macht das Verkaufsgespräch, der Einsatz für seine Bücher, natürlich doppelten Spaß.

Neulich packten wir stapelweise seinen brandneuen Titel *Mauer, Jeans und Prager Frühling* in unser Schaufenster. Dabei machte ich mir so meine Gedanken. Prompt träumte ich einen wundervollen Traum: Ich kam zum Dienst in die Buchhand-

Bernd-Lutz Lange signiert seine Neuerscheinung »Mauer, Jeans und Prager Frühling« am 8. Mai 2003.

lung und entdeckte ein neues Buch in der Auslage neben Bernd-Lutz Lange. Ich dachte, ich spinne. Nein! Da stand wirklich ganz deutlich auf dem Schutzumschlag *Alle Tage ist kein Sonntag*. Menschenskind! Meine Memoiren? Als ich aufgeregt danach griff, klingelte meine Höllenmaschine von Wecker.

Träume sind Schäume, würde meine Mutter sagen. Aber ein unverbesserlicher Widder-Optimist glaubt natürlich felsenfest daran, dass manchmal auch Träume in Erfüllung gehen. Wie auch immer es kommen mag: Ich ging und gehe meinen Weg so, dass ich »an jenem Tor dann grad stehen kann.«

Mit Papas Lieblingsmelodie im Herzen und dem Wunsch, dass mein geliebter Sohn sie nach mir bitte nicht verklingen lassen möge. Hoffentlich bleibe ich bis dahin gesund und bei klarem Verstand, denn ich bin verdammt neugierig auf und dankbar für jeden noch kommenden Tag.

Leipzig, im Mai 2003

Anhang

Mein netter Tontechniker Kai vom Leipziger Tonstudio
»akzent«, der mit mir die CD »My Way« aufgenommen hat.

Meine liebe Bekannte, Lehrerin Wally Uhde, die mich freundli-
cherweise beim Korrekturlesen meines Manuskriptes unterstützte.
Ihr gebührt ein besonderes Dankeschön!

Stammtafel mit Mutterlinie

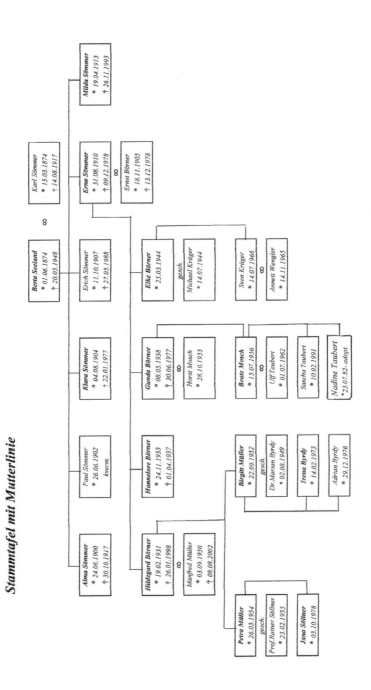

Stammtafel mit Vaterlinie

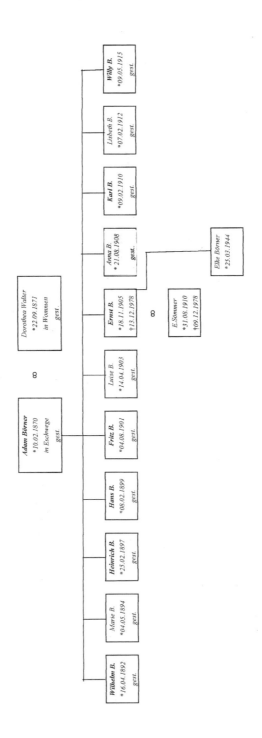

Adam Börner
*10.02.1870
in Eschwege
gest.

∞

Dorothea Walter
*22.09.1871
in Wommen
gest.

Wilhelm B.
*16.04.1892
gest.

Marie B.
*04.05.1894
gest.

Heinrich B.
*25.02.1897
gest.

Hans B.
*08.02.1899
gest.

Fritz B.
*04.08.1901
gest.

Luise B.
*14.04.1903
gest.

Ernst B.
*18.11.1905
†13.12.1978

Anna B.
*21.08.1908
gest.

Karl B.
*09.02.1910
gest.

Lisbeth B.
*07.02.1912
gest.

Willy B.
*09.05.1915
gest.

∞

E. Sommer
*31.08.1910
†09.12.1978

Elke Börner
*25.03.1944

Inhaltsverzeichnis